Alphabet eines bewegten Lebens

Antonio Negri ist einer der führenden Theoretiker der italienischen Protest- und Arbeiterbewegung der 60er Jahre. In den 70er Jahren wurde er im Rahmen der Prozesse gegen die »Roten Brigaden« verurteilt. Er entzog sich der Haftstrafe durch die Flucht nach Frankreich. Sein Entschluss, 1997 nach Italien zurückzukehren und eine Revision des Urteils zu erwirken, hat ihn seine Freiheit gekostet, seiner weltweiten Wirkung als Zeitdiagnostiker indes keinen Abbruch getan. Er ist zusammen mit *Michael Hardt* Autor des Theoriebestsellers »Empire« (Campus 2002).

Antonio Negri

RÜCKKEHR

Alphabet eines bewegten Lebens

Gespräche mit Anne Dufourmantelle
Aus dem Französischen von Thomas Atzert

Campus Verlag
Frankfurt/New York

Die französische Originalausgabe erschien 2002 unter dem Titel
»Du retour. Abécédaire biopolitique« im Verlag Calmann-Lévy, Paris.
Copyright © 2002 by Calmann-Lévy

Editorische Notiz:
Die Gespräche zwischen Antonio Negri und Anne Dufourmantelle
entstanden im Herbst 2001. Der Text wurde für die deutsche Ausgabe
geringfügig gekürzt. Das im Anhang abgedruckte Interview führte
Thomas Atzert im Januar 2003.

Bibliografische Information der Deutschen Bibliothek

Die Deutsche Bibliothek verzeichnet diese Publikation in der
Deutschen Nationalbibliografie. Detaillierte bibliografische Daten sind
im Internet über http://dnb.ddb.de abrufbar.
ISBN 3-593-37242-8

Inhalt

Kurze Vorrede zur Idee eines biographisch-politischen Wörterbuchs

Anne Dufourmantelle: *Was halten Sie von einer Art Wörterbuch Ihres politischen Lebens, von einem biopolitischen Abécédaire? Wir könnten in unserem Gespräch dem Alphabet folgen und bei jedem Buchstaben ein Wort finden, das für Sie, für Ihr Leben eine besondere Bedeutung hat: Von A wie Angriff bis Z wie Zenon von Elea.*

Toni Negri: Das wäre eine Möglichkeit, den gewohnten Blickwinkel zu verändern und dadurch dem Interview mehr Farbe zu geben. Vielleicht erlaubt mir das, mich anders auszudrücken, oder auch, über Themen zu sprechen, über die ich noch nie gesprochen habe.

Da Sie sehr systematisch zu denken gewohnt sind, könnte diese alphabetische Ordnung ein musikalischer Kontrapunkt sein.

Musikalisch, also ich weiß nicht, ob ich dazu in der Lage sein werde ... Es gibt allerdings eine Art polyphones Motiv, das mir seit langem im Ohr klingt, und das ist das Motiv der Rückkehr.

Die Rückkehr steht im Mittelpunkt meiner Biographie. Und Rückkehr trug verschiedene Bedeutungen.

Eine erste ist, ganz offensichtlich, die physische Rückkehr nach Italien nach vierzehn Jahren des Exils in Frankreich, und damit die Rückkehr ins Gefängnis nach vierzehn Jahren der Freiheit. Eine dramatische Rückkehr, die mein ganzes Leben erneut gründlich veränderte. Aber zugleich war es auch eine andere Rückkehr, eine in einem intellektuellen und politischen Sinn, eine in die *Vita activa*.

Das Exil ist leer, es schafft eine Leere, auch wenn man selbst darin extrem aktiv ist, so wie ich es war. Ich war in Frankreich ein *Sans Papiers*, ich habe vierzehn Jahre lang ohne gültige Personaldokumente gelebt. Es ist schwierig zu begreifen, wie das geht und wie diese Art von Leben es fertig bringt, eine solche Leere um einen herum zu schaffen. Bei meiner Rückkehr nach Italien hingegen fühlte ich mich als Bürger, auch wenn mir meine bürgerlichen Rechte entzogen waren und mir jegliche politische Betätigung untersagt blieb.

Die Situation ist neu für mich und so langsam denke ich, dass das Exil eine Bereicherung war. In die aktuelle Debatte bringe ich die Erfahrungen eines Lebens ein, das nicht wie bei vielen Genossinnen und Genossen, nach dem katastrophalen Ausgang, den die siebziger und achtziger Jahre nahmen, durch Frustration und ein Gefühl der Niederlage gekennzeichnet ist. Heute gibt es erneut die Zuversicht, dass wir uns selbst und die Welt verändern werden, und ich lerne, vielleicht ein wenig naiv, die Kraft einer anderen revolutionären historischen Erfahrung kennen.

Die Rückkehr ... Das bringt mich auch auf Machiavelli, der schrieb: »Damit eine Religionsgemeinschaft oder eine Republik lange bestehen kann, ist es nötig, sie häufig zu ihren Anfängen zurückzuführen.« Und, nachdem er über die Notwendigkeit des konstituierenden Handelns für den Erhalt der Republiken nachgedacht hatte, anfügte: »Auch was die Religionsgemeinschaften anbetrifft, so ersieht man die Notwendigkeit der Erneuerung aus dem Beispiel unserer Religion, die völlig erloschen wäre, wenn sie nicht durch den heiligen Franziskus und den heiligen Dominikus zu ihren Anfängen zurückgeführt worden wäre.«[1] Eine Erneuerung, das ist die Rückkehr! Die physische Rückkehr ist auch die Rückkehr zu den körperlichen Leidenschaften der Vergangenheit, und zu den Leidenschaften des Kopfes.

Nun, dann bleibt uns nur anzufangen und in die Vergangenheit zurückzukehren, um darin die Themen der Gegenwart zu entdecken.

---

1 Niccolò Machiavelli, Politische Schriften, hg. v. Herfried Münkler, Frankfurt: Fischer, 1990: S. 234 ff.

A

Beginnen wir mit A wie Angriff. – Wie begann der bewaffnete Kampf?

Es gab diesen Wunsch nach Befreiung. Es gab diesen Wunsch, aber er sah sich mit einem systematisch betriebenen Staatsterrorismus konfrontiert, der verantwortlich war für die Attentate, die Bombenanschläge, die Toten und die Repression.

Heute weiß man, dass die ersten terroristischen Akte auf das Konto des Staates gingen. Der Terrorismus des Staates sorgte für Angst, es ging darum, Angst zu verbreiten. Die Regierung hatte selbst Angst, Angst vor den Massen, und sie verbreitete unter den Massen wiederum Angst, damit die sich nicht rührten. Es war genau so, wie Spinoza es im *Politischen Traktat* beschreibt.

Man vergisst sehr häufig, wie schwer es in Europa fiel, den Kalten Krieg hinter sich zu lassen.

Die Regierung Italiens hätte es niemals gewagt, so zu agieren, wie sie es tat, wenn sie nicht damals, während der Konfrontation im Kalten Krieg, durch das herrschende antikommunistische Klima Rückendeckung gehabt hätte.

Schließlich ist Italien ein seltsames, in die Länge gezogenes Stück Land, das sich ins Mittelmeer streckt ...

Was wäre passiert, wenn es im Kalten Krieg in Europa, in Italien zu einem Machtwechsel gekommen wäre? Es gab eine kommunistische Partei, den PCI, von einiger Bedeutung. Sie war die Partei der *Resistenza*, die einzige Partei, die wirklich antifaschistisch war. Nach 1968 wurde Enrico Berlinguer der Parteichef des PCI. Er soll gesagt haben, dass er, selbst wenn der PCI bei den Wahlen die absolute Mehrheit erreichen würde, sich weigern würde, in die Regierung zu gehen. Das war nach Chile.

Damals wusste die ganze Welt, dass der blutige Bombenanschlag vom Dezember 1969 an der Piazza Fontana in Mailand ein staatliches Massaker war, in Italien spricht man von *Strage di Stato*. Doch noch heute sitzt Adriano Sofri[2] im Gefängnis, und zwar deshalb, weil seine dama-

---

2 Adriano Sofri war einer der politischen Führer von Lotta Continua, einer Gruppe der außerparlamentarischen Linken. Als am 12. Dezember 1969 in der Landwirtschaftsbank an der Piazza Fontana mitten in Mailand eine Bombe explodierte, durch die 16 Menschen starben und annähernd 100 verletzt wurden, verhaftete man unmittelbar nach der Tat mehrere Anarchisten. Einer von ihnen, Giuseppe Pinelli, starb, als er während eines Verhörs aus dem vierten Stock des Polizeipräsidiums stürzte. Spätere Nachforschungen ergaben, dass es keinerlei Verbindungen zwischen dem Bombenattentat von der Piazza Fontana und den Anarchisten oder anderen Gruppen der Linken gab. In den folgenden Jahren war es die radikale Linke – und vor allem Lotta Continua in ihrer Zeitung gleichen Namens –, die immer wieder den Tod Pinellis anprangerte. Bisweilen in sehr explizitem Ton wurde dieser Tod Luigi Calabresi, dem Kommissar, der Pinelli verhörte, angelastet. Die Kampagne gegen »Kommissar Fenster« war mit Drohungen angereichert. Am 17. Mai 1972 erschoss ein aus drei Männern bestehendes Kommando Calabresi in Mailand.

lige politische Gruppierung, Lotta Continua, einen Polizeikommissar in Mailand getötet haben soll. Diese Exe-

---

Jahre vergingen, die Untersuchung des Bombenanschlags von der Piazza Fontana deutete auf eine Verwicklung der extremen Rechten und der Geheimdienste hin, Lotta Continua löste sich im Milieu der radikalen Bewegungen der siebziger Jahre auf. 1986 taucht bei der Polizei ein ehemaliges Mitglied von Lotta Continua, Leonardo Marino, auf und wird zum Kronzeugen. Er »sagt aus«, unter bis heute ungeklärten Umständen, dass die Ermordung von Calabresi auf einen Befehl Sofris zurückgeht und dass der Mord selbst von zwei anderen Mitgliedern von Lotta Continua verübt wurde, Ovidio Bompressi und Giorgio Pietrostefani. Damit begann eine Serie von Prozessen, Revisionen und Wiederaufnahmen, mehrmals kassierte die Berufungsinstanz Urteile, weil Beweismittel verschwunden oder einander widersprechende Zeugenaussagen nicht berücksichtigt worden waren. Der Historiker Carlo Ginzburg verglich diese Justizaffäre mit einem Hexenprozess. Am Ende stand, im Februar 1997, 25 Jahre nach dem Tod des Kommissars, die Verurteilung von Sofri, Bompressi und Pietrostefani zu 22 Jahren Haft für die Ermordung Calabresis. Aufgrund der Kronzeugenregelung befindet sich Marino auf freiem Fuß. Die drei Verurteilten beteuern ihre Unschuld. Pietrostefani setzte sich bei einer Haftverschonung vor dem jüngsten Revisionsprozess ab; Sofri und Bompressi blieben in Haft, um auf den Justizirrtum, dessen Opfer sie sind, hinzuweisen. Bompressi ist derzeit aus gesundheitlichen Gründen von der Haft verschont. Sofri hingegen sitzt, ungeachtet einer bedeutenden Mobilisierung für seine Freilassung, in Pisa in Haft. Die Verantwortlichen für das Massaker an der Piazza Fontana wurden niemals gefasst. In den siebziger Jahren war es eine Serie von vergleichbaren Attentaten, die man der »Strategie der Spannung« zuordnet: so die Bomben gegen eine antifaschistische Gewerkschaftsversammlung auf der Piazza della Loggia in Brescia oder die gegen den Schnellzug Italicus. Bei jedem dieser Attentate gibt es Vermutungen über die Verwicklung der extremen Rechten und bestimmter Fraktionen der Geheimdienste.

kution hat Lotta Continua angeblich beschlossen, um den Tod eines Anarchisten, Giuseppe Pinelli, zu rächen, den die Polizei nach dem Attentat festgenommen hatte. Wohlgemerkt, Pinelli hatte mit der Bombe von der Piazza Fontana nichts zu schaffen. Aber er ist unter ungeklärten Umständen aus dem Fenster des Kommissariats »gestürzt«.

Das Ganze sind typisch italienische, unglaubliche Geschichten, doch muss man sich das Klima vorstellen, das damals herrschte. Kurz und gut: Es stimmt, in Italien gab es den Terrorismus. Doch der Terrorismus begann mit dem Staatsterrorismus. Und 1969 eröffnet die Bombe von der Piazza Fontana einen neuen Akt.

Warum?

Als die Polizei verkündete, dass es sich um anarchistische Anschläge handelte, glaubte das kein Mensch. Heute erkennen selbst die Gerichte an, dass die CIA in die Taten verwickelt war, genau wie die italienischen Geheimdienste. Und dass der Staat – korrupt, nicht funktionierend, meinetwegen, aber trotzdem der Staat – hinter dem ganzen steckte. Nehmen Sie doch die Abschlussberichte der parlamentarischen Untersuchungsausschüsse, die die Ereignisse an der Piazza Fontana 1969 untersuchten, oder die Bombe auf der Piazza della Loggia in Brescia Anfang der siebziger Jahre oder auch den Bombenanschlag an Bord des Expresszugs Italicus ... Jedes Mal stoßen Sie auf die gleichen Schlussfolgerungen.

Warum fing die Regierung damit an? Um Terror zu verbreiten. Und warum Terror verbreiten? Italien wurde von den Christdemokraten, der Democrazia Cristiana, regiert: ein Frontstaat des Westens mit einer kommunistischen Partei und einer Linken, die bei den Wahlen 35 Prozent erreichte, und mit einer völlig unkontrollierbaren sozialen Dynamik.

Zugleich gab es im Bereich der Arbeitsverhältnisse ins Auge springende Entwicklungen: zum einen einen Prozess, der weg von bloß materieller Arbeit hin zu mehr intellektueller Arbeit führt, zum andern gab es die Parolen wie die von der »Verweigerung der Lohnarbeit«. Alles Themen, die heute, dreißig Jahre später, für Soziologen und Wirtschaftswissenschaftler alltäglich geworden sind.

Nun gut, man organisierte sich also, um jener Gewalt, von der Sie sprachen, etwas entgegenzusetzen. Aber musste die Erwiderung auf terroristische Akte, die Sie dem Staat zugeschrieben haben, notwendigerweise Terrorismus sein? Gab es keine Alternative?

Die Reaktion war von Anfang an keine terroristische, sondern eine unnachgiebige. Es ging darum, dem Angriff des Staates auf gleichem Niveau zu begegnen. Die ersten militärischen Aktionen begannen aber erst drei oder vier Jahre nach der Bombe von Mailand, also 1973 oder 1974.

Also relativ spät.

Niemand hat jemals beweisen können, was immer behauptet wurde, dass die Entwicklung von außen gesteuert gewesen wäre; die Entwicklung war spontan. Angesichts der Eskalation der Gewalt durch die Exekutive haben die Leute, wenn sie zu Demonstrationen gingen, angefangen, Waffen mitzunehmen, um sich zu verteidigen. Die Repression setzte auf allen Ebenen an: in der Fabrik, auf der Straße, überall ... Es gab unzählige Entlassungen. Das extremistische Vorgehen wurde in einer Situation militärisch, nachdem alle anderen Reaktionen unmöglich geworden waren. 1977 war man an einem Wendepunkt angekommen. Ein Schlüsselereignis waren die Demonstrationen in Bologna.[3] Panzer fuhren durch die Stadt ... Einige französische Intellektuelle kamen daraufhin nach Italien, unter ihnen Michel Foucault und Gilles Deleuze. Die europäische intellektuelle Linke bezog Stellung gegen die damalige Repression.

Hätten Sie sich in diesem Moment eine Reaktion vorstellen können, die auf Gewalt verzichtet?

Nein, absolut nicht. Wir waren darauf vorbereitet, wir waren organisiert. Das, woran allerdings niemand von uns geglaubt hat, war, dass die staatliche Repression sich stalinistischer Methoden und Schauprozesse bedienen würde. Das begann mit den Massenverhaftungen von politischen Kadern und Intellektuellen der radikalen Linken am 7. April 1979. Die späteren Prozesse nannte man deshalb »7.-April-Verfahren«.

---

3 Im Frühjahr 1977 gab es große Demonstrationen der radikalen linken Bewegungen, der so genannten *Autonomia*, in Bologna und Rom. Die Reaktion des Staates forderte mehrere Tote unter den Demonstranten. Eine staatliche Repression unter Einschluss militärischer Gewalt schloss sich an, das wichtigste freie Radio der sozialen Bewegungen, Radio Alice in Bologna, wurde gestürmt und verboten, Panzerwagen patrouillierten in der Innenstadt von Bologna. Eine Gruppe französischer Intellektueller organisierte im September 1977 ein Tribunal zur Repression in Bologna. Michel Foucault, Gilles Deleuze und Félix Guattari bezogen Stellung zugunsten des »politischen Laboratoriums«, als das sie Italien verstanden, und verurteilten das militärische Vorgehen der Staatsgewalt.

Was geschah an diesem Tag?

Man hat uns verhaftet, mich und ungefähr sechzig weitere, fast alle waren Professoren und Universitätsdozenten. Es war ein Schlag gegen die Intellektuellen im Innern der »Bewegung«. Und die Anschuldigungen waren unglaublich: So lautete ein Anklagepunkt »Bewaffnete Insurrektion gegen den Staat«. Lange Zeit sah das Gesetz für diese Tat die Todesstrafe vor! Zum Glück hatte die Verfassung von 1948 die Todesstrafe abgeschafft.

Also lebenslänglich ... Das war ungeheuerlich und beängstigend. Wir lachten darüber, konnten es nicht glauben, doch in Wirklichkeit war es grauenvoll. Was die Situation so paradox machte, war, dass die extreme Rechte irgendwie zwischen der Democrazia cristiana, also der Partei der Bourgeoisie, und dem PCI, den Kommunisten, eingeklemmt schien. Uns dagegen hielt die kommunistische Partei für gefährlich, weil wir nicht zu kontrollieren waren. Es gab da manche, die fürchteten, dass wir uns in eine Partei, eine neue kommunistische Partei, verwandeln.

In wessen Namen griff die Partei Sie an?

Im Namen des Vaterlands, der Nation oder besser: im Namen des Abkommens von Jalta. Und man wollte sich mit der Sowjetunion arrangieren. Und diese Logik wiesen wir zurück. Wir hätten den Kopf senken und der Partei erlauben sollen, ihre Einzigartigkeit weiter zu kultivieren. Aber diese Einzigartigkeit ließ sich nicht mehr aufrecht erhalten.

Sie verteidigen den Kommunismus, aber nicht die kommunistische Partei ...

Wir waren gegen jeden Totalitarismus. Und uns ging es um die Aneignung des Reichtums. Es ist beinahe unmöglich, einigermaßen annehmbar zu leben, wenn man keinen Zugang zur Bildung und kein Einkommen hat. Die Gesellschaft muss daher so organisiert werden, dass sie den Leuten diese Rechte garantiert. Das ist weniger utopisch als es klingt. Das Paradox ist ja, dass viele der Ziele, die wir damals entwickelten, inzwischen im entwickelten Kapitalismus wieder auftauchen.

In den Machtverhältnissen der Gesellschaft entstehen immer neue und immer effektivere disziplinierende Verfahren, um die Gesellschaft zu beherrschen. Wir haben dagegen eine grundlegende Veränderung der gesellschaftlichen Verhältnisse gewollt. Und darauf antworteten die herrschenden Politiker knallhart.

Und sie haben Sie in die Zange genommen?

Die kommunistische Partei hat der Christdemokratie beigebracht, was zu einem stalinistischen Schauprozess gehört: Aburteilung ohne Gnade, Vernichtung, Auslöschung. Im Prozess bemühte man eine wahnwitzige Beweisführung, folgte einer abwegigen Logik. In meinem Fall lief das so: Ich schrieb revolutionäre Sachen, soweit stimmt das, die die Justiz für staatsgefährdend hielt, also musste ich logischerweise mit Leuten Kontakt haben, die »staatsgefährdende Sachen« gemacht hatten, also konnte ich nur der Kopf einer kriminellen Vereinigung sein. War ich nun schon der Kopf einer kriminellen »subversiven« Vereinigung, mussten alle in meiner Umgebung notwendigerweise auch dieser Vereinigung angehören. So kam es, dass ich im Gefängnis einen Freund wiedertraf, den ich mehr als zehn Jahre nicht mehr gesehen hatte. Wunder eines Deliriums von Schlussfolgerungen.

Die so genannte Untersuchungshaft war nach dem Gesetz zeitlich nicht begrenzt. Die meisten Anklagten im »7.-April-Verfahren« wurden am Ende freigesprochen, doch saßen sie sechs, sieben Jahre im Gefängnis, in Untersuchungshaft, und warteten auf einen Prozess, der nicht kam. Sechs oder sieben Jahre für nichts. Und kein Wort der Entschuldigung.

Ich hatte das Glück, dass man mich ins Parlament wählte. Ich hatte vier Jahre in Hochsicherheitsgefängnissen zugebracht und wurde als Abgeordneter entlassen. Als zwei Monate verstrichen waren, gab es eine hitzige Parlamentsdebatte über die Frage, ob man mir die parlamentarische Immunität nicht entziehen sollte, und ich verlor mit 296 gegen 300 Stimmen. Wegen vier Stimmen sollte ich zurück ins Gefängnis. Die Situation damals war derart angespannt, dass ich um mein Leben fürchtete. Ich zog es deshalb vor, nach Frankreich zu fahren. Wegen vier Stimmen ...

Man hat Sie ausreisen lassen?

Nein, ich bin ihnen entwischt. Aber ich habe immer gedacht, dass sie mich haben entwischen lassen, weil sie, soviel ist sicher, Informanten und alles hatten, und wenn sie wirklich gewollt hätten ...

Das Widersinnige war, dass die vier ausschlaggebenden Stimmen im Parlament von der Radikalen Partei kamen. Die Radikalen hatten mir ermöglicht, aus dem Gefängnis rauszukommen, weil ich als Kandidat auf ihrer Liste gewählt wurde, und knapp drei Monate später beschlossen sie, mich zurückzuschicken.

Wären Sie damals nicht gewählt worden, wären sie wie die anderen im Gefängnis geblieben ...

Und da wäre ich immer noch, fürchte ich.

Wie Adriano Sofri?

Sofri ist seit 1997 im Gefängnis. Er wurde bereits in den Siebzigern einmal verhaftet, aber nicht aus dem gleichen Grund. Und neuerlich verhaftete man ihn vor etwas über zehn Jahren. Die ganze Geschichte geschieht aus Rache, weil man Sofri, um es noch mal zu wiederholen, vorwirft, die Ermordung des berüchtigten Kommissars in Auftrag gegeben zu haben, der wiederum in die Geschichte mit dem Fenstersturz verwickelt war, bei dem Pinelli, der Anarchist, den man wegen der Bombe von der Piazza Fontana verhaftet hatte, ums Leben kam. Der Anarchist hat damit nichts zu tun, aber er ist tot. Und der Kommissar Calabresi ist von irgendwelchen Leuten erschossen worden. Und dann eröffnete die Justiz in den achtziger Jahren, also reichlich spät, ein Verfahren gegen Lotta Continua, deren Parteichef Sofri war, und stützte sich dabei auf die Aussage eines mehr als zweifelhaften Kronzeugen, der einmal Mitglied von Lotta Continua war. Die ganze Angelegenheit hat in Italien eine Menge Staub aufgewirbelt, es gibt unzählige Petitionen für Sofris Freilassung, aber es war nichts zu machen. Er wurde mit zwei anderen Exmitgliedern von Lotta Continua zu 22 Jahren Haft verurteilt und sitzt nun seit Februar 1997 im Gefängnis. Das alles ist absurd. Wie kann man das erklären? Es gibt diesen Rachemechanismus im Polizeikorps und dieser Mechanismus ist besonders gefährlich, wenn ein Polizist das Opfer ist; das findet man auch in Frankreich oder anderen Ländern.

Die Roten Brigaden sollen Ihnen die Flucht nach Frankreich niemals verziehen haben.

Nein, die Roten Brigaden hatten es auf mich abgesehen, weil ich erklärt habe, dass der Krieg zu Ende ist.

Der Krieg gegen den Staat?

Ja. Es war eine Entscheidung zu treffen. Das ist eine lange Geschichte …

Ich kannte einige Mitglieder der Roten Brigaden, ich hatte ihre Gründungsphase von innen miterlebt, ich hatte sogar eine gewisse Sympathie für ihre Bewegung, vor allem am Anfang. Wir haben eine Zeitschrift gemacht, *Contro-informazione*, was soviel heißt wie Gegeninformation. Ich habe sie mit ein paar Leuten von den Roten Brigaden gegründet. Doch an einem bestimmten Punkt fingen sie an, Gegner zu töten. Damit war ich nicht mehr einverstanden. Eine große Zahl anderer Genossinnen und Genossen, mit denen ich in Kontakt stand, verweigerte sich ebenfalls dieser Logik. Wir beschlossen, gemeinsam den Bruch zu erklären.

Im übrigen kam es zufällig zum ersten tödlichen Angriff, den die Roten Brigaden verübten; die Begründung wurde dann nachgeschoben. Es war absurd, die ganze Sache ereignete sich in Padua, wo ich an der Universität lehrte: Die Roten Brigaden griffen den Sitz der faschistischen Partei an und ein Polizist, der als Spitzel bei den Faschisten eingeschleust war, eröffnete das Feuer und schoss auf sie. Ihn haben sie getötet. Es gab keinen Plan für einen Mord, es war Notwehr. Aber die Organisationskader der Roten Brigaden beschlossen, dass man diesen Tod begründen müsse und gaben ihm eine ideologische Rechtfertigung.

Ab diesem Zeitpunkt fingen sie an, Verrücktheiten zu machen. Die schwerwiegendste war ohne Zweifel die Entführung von Aldo Moro.[4] Wir taten alles, um das Leben Moros zu retten, wir sind sogar los und haben mit Bettino Craxi gesprochen, damals an der Spitze der sozialistischen Partei. Nach unserer Einschätzung hatte der bewaffnete Kampf einen Punkt erreicht, an dem es kein Zurück mehr geben würde; deshalb hielten wir es für absolut notwendig, Moro zu retten. Man musste die Roten Brigaden stoppen. Im Jahr danach haben wir versucht, die Roten Brigaden in den Fabriken zu isolieren. Zu diesem Zeitpunkt ergriff auch der Staat die Initiative. Der Staat wollte »den Fischen das Wasser abgraben, in dem sie schwimmen«, so war das Bild der Verhältnisse ... Aber im Klartext: Wir waren es, die die Roten Brigaden stoppten.

Im Gefängnis trafen wir die Leute aus den Roten Brigaden wieder, mit denen zu reden wir versucht hatten. Es waren Hochsicherheitsgefängnisse, wir waren alle zusammen, und das ganze Durcheinander entsprach dem Bild in den Augen der Öffentlichkeit. Für die Staatsmacht war es so am bequemsten: Ich war angeklagt als »Chef« der Roten Brigaden und die Bewegung war ihres Kopfes beraubt ...

4 Der christdemokratische Parteichef Aldo Moro wurde am 16. März 1978 im Stadtzentrum Roms von den Roten Brigaden entführt. Die Entführung dauerte 55 Tage; die regierenden Christdemokraten lehnten ebenso wie der die Regierung unterstützende PCI Verhandlungen mit den Entführern ab. Eleonora Moro, die Ehefrau des Entführten, klagte die Partei ihres Mannes und besonders Regierungschef Giulio Andreotti öffentlich an, Moro der Staatsräson opfern zu wollen, um politisches Kapital aus seinem Tod zu schlagen. Die Roten Brigaden ermordeten Aldo Moro am 9. Mai 1978.

War das der Zeitpunkt, als Sie sagten, der bewaffnete Kampf sei zu Ende?

Wir haben gemeinsam eine Erklärung geschrieben, um das zu sagen. In dem Text[5] erklärten wir den bewaffneten Kampf für beendet und alle, die diesen Weg zukünftig fortsetzen würden, zu Gegnern. Die Roten Brigaden reagierten darauf mit der Drohung, uns zu töten und, wie könnte es anders sein, bei mir anzufangen. Das war ein Todesurteil.

Als ich im Juli 1997 nach Italien zurückgekehrt bin, kam ich mit dem Mann in eine Zelle, der mich damals töten sollte. Es war schon merkwürdig zu sehen, dass die Staatsmacht immer noch versuchte, mit uns zu spielen, obwohl inzwischen zwanzig Jahre vergangen waren und das alles heute keinen Sinn mehr macht. Der Mann, der dazu ausgesucht worden war, mich zu eliminieren, ist übrigens ein guter Freund geworden. Gemeinsam haben wir eine Kooperative gegründet, die entlassenen Strafgefangenen hilft.

Heute gibt es immer noch Dutzende von Brigadisten im Gefängnis, oft haben sie lebenslänglich bekommen. Und mit einigen bin ich sehr eng befreundet.

Und, was sagen sie heute?

---

5 Die Erklärung erschien unter dem Titel »Una generazione politica detenuta« (etwa: Eine politische Generation hinter Gittern) in der Tageszeitung *il manifesto* (30. September 1982). Diese Erklärung wurde unter der Bezeichnung »Dokument der 51« (die Zahl bezieht sich auf die 51 Unterzeichner) bekannt. Ihr folgte eine zweite mit dem Titel »Do you remember revolution?« (*il manifesto*, 22. Februar 1983; dt. in: *Arbeiterinnenmacht gegen die Arbeit*, Freiburg: Sisina, 1988).

Dass ich Kommunist geblieben bin und sie auch! Manchmal reden wir über damals.

Alle haben sich verändert, lebenslänglich lässt einem viel Zeit zum Nachdenken, bedeutet aber auch, andere Sachen tun zu können, lesen, studieren, einen Beruf lernen. Dass sie immer noch im Gefängnis sind, jetzt, heute, ist wahrhaftig sinnlos, es sei denn, es geht schlicht und einfach um Rache. Einer meiner Mitgefangenen ist heute der Chef der römischen Repräsentanz einer großen Werbeagentur, er macht das seit zehn Jahren, seit er Freigänger ist. Er hat sich diese Existenz so aufgebaut; abends schläft er im Gefängnis, untertags verwandelt er sich in den brillanten Werber, »der es geschafft hat«. Als ich selbst Freigänger wurde, haben wir morgens gemeinsam das Gefängnis verlassen und sind abends gleichzeitig zurückgekommen. Ein bisschen wie im Knabeninternat: man trifft sich und erzählt einander den Tag.

Und dieser Mann, der Sie beseitigen sollte, hat niemals daran gedacht ...

Ja, das klingt ein wenig bizarr, aber so ist es. Wissen Sie, das ist ein netter Kerl ... Wenn er auf die Vergangenheit zu sprechen kommt, findet er es verrückt. Er versteht es nicht. Ich glaube es ist eine schizophrene Erfahrung.

Mein Mitgefangener ist ein Linker geblieben, aber andere haben sich nach rechts gewendet. Anfangs haben wir sehr viel diskutiert, da waren wir noch zu fünft in der Zelle. Später waren wir dann zu zweit und oft schliefen wir nach ein bisschen Fernsehen ein.

Der Exbrigadist und jetzige PR-Mann hat mir einmal eine gleichermaßen komische wie tragische Geschichte erzählt. Er war Mitglied des Kommandos, das den US-

General und NATO-Offizier James Dozier entführte.[6] In diesem Kommando fiel jedem eine genau definierte Aufgabe zu. Seine war es, sich bei dem General Zugang zu verschaffen, ihn zu überwältigen, in einen Kasten zu sperren und den anderen zu übergeben. Als er alles so gemacht hatte, wie es geplant worden war, war er schließlich allein. Eine absurde Situation. Da verspürte er plötzlich den Wunsch, ein einziges Mal ein »echter« Einbrecher zu sein, und packte die Orden des Generals und den Schmuck seiner Gattin ein, was er natürlich den anderen Brigadisten nicht erzählte. Tatsächlich befand er sich in einer Krise, der Kampf der Roten Brigaden war am Ende und das wusste er. Den Schmuck und die Orden zu stehlen, war eine Art Überlebensakt. Dann, als die Mitglieder des Kommandos für die Entführung Doziers verurteilt wurden, bekamen alle lebenslänglich, nur sein Urteil lautete lebenslänglich plus drei Monate, wegen »schweren Raubs«. Die anderen sahen ihn fassungslos an, sie erfuhren die ganze Geschichte erst im Gerichtssaal ... Das Gefängnis ist voll solcher schrecklicher, komischer und tragischer Geschichten.

Dieser Diebstahl war vermutlich tatsächlich ein Akt der Überschreitung, denn im allgemeinen war das Leben für die Brigadisten eher beschwerlich. Sie bekamen alle einen Arbeiterlohn, das heißt den in der Industrie gezahlten Mindestlohn, der ihnen von der revolutionären Partei ausgezahlt wurde. Doch das Leben im Untergrund ist kompliziert, die Kosten waren enorm. Die Brigadisten lebten unter armseligen materiellen Bedingungen, muss-

---

6 James Dozier war Oberbefehlshaber der NATO-Landstreit-kräfte in Südeuropa und in der Nähe von Verona stationiert. Die Roten Brigaden entführten ihn am 17. Dezember 1981. Dozier wurde im Januar 1982 von der Polizei befreit.

ten ständig bereit sein, die Wohnung zu verlasen und zu fliehen. Und dann kommt so ein Schmuckraub, weil man politisch in der Krise steckt und davon träumt, wenigstens einmal ein einfacher kleiner Gangster zu sein ...

Man hat nicht alle Mitglieder der Roten Brigaden verhaftet, oder?

Doch, fast alle, außer denen, die in Frankreich, und einzelnen, die in Brasilien, England oder Mittelamerika leben. Die anderen haben sie alle geschnappt.

Kurz und gut, in dem Moment, als wir die Erklärung über das Ende des bewaffneten Kampfes veröffentlichten, war der Bruch vollzogen, selbst im Gefängnis. Die Erklärung zeigte eine Trennung, wir brachen politisch mit dem bewaffneten Kampf. Diesen Weg begannen wir 1981/82, einige Brigadisten folgten. Um Weihnachten 1980 gab es eine Gefangenenrevolte im Hochsicherheitsgefängnis von Trani. Die Brutalität, mit der diese Revolte niedergeworfen wurde, »beschleunigte« den Prozess dieser Entscheidung. Man nannte diese Haltung *dissociazione*, Trennung, das hieß, sich vom bewaffneten Kampf loszusagen und den Aktionen außerhalb des Gefängnisses die Zustimmung zu entziehen.

Eine bestimmte kommunistische Tradition, die in der Erinnerung an die *Resistenza*, den antifaschistischen Widerstand während des Zweiten Weltkriegs, wurzelt, kommt im langandauernden bewaffneten Kampfs in Italien zum Tragen. Es gab außergewöhnliche historische Übereinstimmungen zwischen der antifaschistischen Befreiungsbewegung und den sozialen Kämpfen in der Nachkriegszeit. Die *Resistenza* ist etwas, das durch die unterschiedlichsten sozialen und kulturellen Bereiche des italienischen Nordens hindurchging. Der Katholizismus fand sich durch die *Resistenza* zutiefst erschüttert, und die große Krise der katholischen Kirche, für die Johannes XXIII. steht, war eine Antwort auf eine Realität, die vor allem die kleinen Priester im Norden mit tiefgreifenden moralischen und ökonomischen Veränderungen konfrontierte. Und die Jugendkulturen, die sich nach 1968 in Italien herausbildeten, hatten vor allem zwei Kristallisationspunkte: den Widerstand gegen die kapitalistische Kolonisierung des Lebens und das Auftreten neuer Formen intellektueller Arbeit. All das trat zu den kommunistischen Traditionen des Klassenkampfs und den Konflikten der italienischen Binnenmigration hinzu. So kam es zu einer Radikalisierung der Kämpfe, sozusagen zum »Klassenkrieg«. Was nach 1968 passierte, wurde vor allem als ein Wiederaufleben der *Resistenza* wahrgenommen, und das dürfte auch ein Grund sein, warum es in Italien zehn Jahre dauerte, nicht nur ein paar Monate wie anderswo, und warum die Bewegung in dieser Zeit immer mehr an Stärke gewann, an Stärke, sich und die Gesellschaft zu verändern.

In Italien geschah es zum ersten Mal, dass Arbeiterkämpfe ihren Ort nicht nur in der Fabrik sahen, sondern die ganze Gesellschaft miteinbezogen. Man kämpfte durch *autoriduzione*, indem man selbstbestimmt und kollektiv die Preise reduzierte, beispielsweise die Mieten oder die Fahrscheine für die öffentlichen Verkehrsmittel, man kämpfte für ein besseres Leben. In Mailand, wo ich einen guten Teil der siebziger Jahre gelebt habe, gab es Stadtviertel, die quasi »befreit« waren, wo niemand Steuern oder Tickets oder Mieten bezahlte.

Selbstverwaltete Viertel?

Ja, selbstverwaltet. Es waren Stadtviertel, in denen man eine andere Gesellschaft ausprobieren konnte, in denen man auf beeindruckende Weise ausprobieren konnte, das Glück zu organisieren. Wenn Polizei ins Viertel wollte, wurde das sofort vereitelt. Alle freien Wohnungen wurden besetzt, man eignete sich die Häuser an, um darin zu wohnen. Ich habe am Rand eines dieser Viertel gelebt, es war ein unglaubliches Leben, unvorstellbar.

Lassen Sie uns noch einmal auf die Gefängnisrevolte von Trani zurückkommen.

Trani ist eine Sonderhaftanstalt, ein Hochsicherheitsgefängnis für politische Gefangene, in dem wir damals eingesperrt waren. Es gab diese Revolte, Aufseher wurden als Geiseln genommen. Wir haben uns für drei Tage im Gefängnis verbarrikadiert. Die Polizei hat angegriffen und das Gefängnis gestürmt. Das war Krieg. Um die Barrikaden zu verteidigen, haben wir mit Mülleimern geworfen, Wasserrohre herausgerissen, eine Überschwemmung verursacht, Mauern eingerissen, also versucht, uns mit allen Mitteln zu wehren. Denken Sie an einen Hollywoodfilm, genau so war es ... Dann, wenig später, wurde die Revolte niedergeworfen, die Polizei hatte zuvor Hubschrauber und Sprengstoff eingesetzt. Sie schlugen uns blutig, einen nach dem anderen. Es war Folter. Wir waren zu dreißigst in einer einzigen Zelle und von Zeit zu Zeit kamen die Aufseher rein ...

Es waren schwere Zeiten. Ich habe nie ein romantisches Bild von Politik gehabt. Es stimmt, die extremistische Politik wurde terroristisch. Aber ich muss sagen, dass ich trotz allem aus all diesen Situationen mit einer gewissen Zuversicht hervorgegangen bin. Politischen

Mord habe ich immer für ein Verbrechen gehalten, dem man sich widersetzen muss. Ich denke, dass die Roten Brigaden Extremisten waren, die zu Terroristen geworden sind, weil man sie dazu trieb. Die politischen Kräfteverhältnisse damals ließen ihnen keine Chance. Für uns war die einzige Entwicklungslinie, die tatsächlich zum Erfolg führen konnte, die politische Konstituierung als Partei, als Organisation oder als Bewegung. Das haben wir versucht, doch kann man so einen Prozess nicht beschleunigen, zumal der Staatsterrorismus uns zu Ausweichmanövern zwang. Im Gefängnis wurden wir uns dann klar darüber, dass es darum gehen muss, den Krieg zu beenden.

Und nicht einer romantischen Position anzuhängen, die zu Entscheidungen zwingt und nur alles oder nichts kennt?

Man musste damals in diese Richtung denken, um einen Ausweg aus der Sackgasse zu finden. Heute ist das alles vorbei, ausgenommen für einige hartgesottene Stalinisten.

Damals war mein Problem, aus dem Gefängnis herauszukommen: Ich war ja zum Abgeordneten gewählt worden, kam dank der parlamentarischen Immunität auch frei, dann gab es die Auseinandersetzung im Parlament, um mich wieder verschwinden zu lassen, und in dem Moment, als ich erneut hinter Gitter sollte, bin ich nach Frankreich geflohen. Ich habe wirklich das Ende der Parlamentsdebatte abgewartet, aber ich merkte, dass sie mich zurück ins Gefängnis schicken wollten. Ein anderer Ausgang wurde nicht akzeptiert. Ich sollte wieder ein »Fall« werden, im Labyrinth der Strafverfolgungsbehörden landen. Dazu muss man wissen, dass es in Italien häufig diesen Gang geht. Die Untersuchungsrichter haben eine Machtstellung errungen, die ihnen fast völlig freie Hand lässt. Damals, das war der Anfang der so genannten »Gesellschaft der Richter«: Ihre Macht wurde deshalb so immens, weil sie die Zustimmung der politischen Linken im Land hatten. Die hatten begriffen, dass Untersuchungsrichter machen können, was sie wollen. Wohlgemerkt, ich bin überzeugt, dass eine unabhängige Justiz absolut unentbehrlich ist. Doch das Drama beginnt, wenn die Justiz die Politik ersetzt, wenn sie den politischen Raum besetzt und der Politik die Regeln diktiert. Das passierte gegen die extreme Linke am Ende der siebziger Jahre, zehn Jahre später ermittelten die Untersuchungsrichter gegen die Sozialistische Partei und Berlusconi. Ziemlich amüsant, wie ihnen das auf die Füße fiel.

Ich hatte also beschlossen zu fliehen. Das bedeutete einen zweiten Einschnitt im Verhältnis zu meinen Freunden, zu allen, die im Gefängnis blieben. Meine Überlegung war, glaube ich, ungefähr die: »Bleibe ich bei ihnen im Gefängnis, dann bleiben sie drin und man wird sie auf Jahre hinaus nicht aus den Augen lassen; wenn ich gehe, kommen sie frei.« Und so kam es.

Italien steckte damals in einer allgemeinen und vor allem einer Wirtschaftskrise. Eine ungeheure Umwälzung war im Gange – die Umwälzung, die wir bereits in den siebziger Jahren zu beschreiben versuchten. Wenn sie heute ins Veneto gehen, werden sie Unternehmer finden, die damals »rote« Arbeiter waren und die zu kleinen Firmenchefs wurden. Die ganze Umwälzung des Kapitalismus seit den achtziger Jahren ist da heute sichtbar. Diese neuen Selbstständigen sind politisch ziemlich schwierig. Sie sind reich, aber sie verachten das Geld. Man hatte ihren Kämpfen in den Siebzigern die Spitze genommen; am Ende ritten sie auf den Umwälzungen der Produktion, weil sie alles besser voraussahen als andere. Die Veränderungen waren in ihren Kämpfen angelegt. Ein merkwürdiges Ende.

Eines ist allerdings sicher: Die Gelegenheit, die Politik zu modernisieren, hat man in Italien verpasst. Staatliche Repression, die vor allem die Denunziation belohnte, hat alles blockiert. Es ist paradox. Es gab einen ungeheuren Erfindungsreichtum, eine Produktivität, eine Begeisterung, die nur nach einem Ausdruck verlangten. Es gab das Bewusstsein von der hohen Geschwindigkeit der sozialen Veränderung, das eine außergewöhnliche Antizipation erlaubte. In keinem anderen Land Europas war dieses Bewusstsein klarer als in Italien. Wenn Schumpeter von tatsächlicher Innovation als Notwendigkeit einer neuen Phase kapitalistischer Entwicklung spricht, so meint das hier: die Erfahrung einer Zerstreuung des Kapitalismus in der Gesamtheit des gesellschaftlichen Felds. Nehmen Sie eines der jüngeren Phänomene wie die Informatisierung der Produktion. Nicht die Informatisierung hat die Zerstreuung der Produktion in der Gesellschaft bestimmt, sondern die Zerstreuung der Produktion in der Gesellschaft hat die Informatisierung notwendig gemacht. Genau das ist hier passiert, diese große Neuerung, die Sozialisation des Kapitals. Die Unternehmer in den siebziger Jahren wollten das nicht wahrhaben, zehn Jahre später hat man es schließlich begrüßt.

Und seine Ideale verloren!

Die Repression war eine Zerstörung, ganz offensichtlich. Man vernichtet nicht eine ganze Generation, ohne Spuren zu hinterlassen. Und diese Veränderung hat man politisch und gesellschaftlich nicht in den Griff bekommen. Im Übergang von der materiellen Produktion zur immateriellen sind die kommunistische Partei und die Gewerkschaften zurückgeblieben, das ist etwas, das sie nicht meistern konnten. Eine ganze Reihe neuer Lebensstile sind entstanden, der Übergang war fundamental, ja ontologisch. Die Menschen haben den Rhythmus ihres Lebens verändert, ihre sozialen Beziehungen, ihr Verhältnis zur Arbeit, ihre Privatsphäre. Sie haben entdeckt, dass dadurch die Arbeit aufgewertet wurde, dass Machtverhältnisse verschoben und neue geschaffen wurden. Genau das haben wir gesagt, damals vor dreißig Jahren.

Über die Arbeiter in der Postmoderne?

Ja, aber man muss begreifen, dass diese Postmoderne, dieses italienische Silicon Valley, das wir heute im Nordosten des Landes finden, von Leuten geschaffen wurde, die aus Not und aus der Erfahrung der Migration aus dem italienischen Süden handelten, und dass es ihre politischen Kämpfe waren, die zu den Veränderungen führten. Das ist vielleicht ziemlich marxistisch, diese Vorstellung, dass die Kämpfe die Geschichte machen: nicht nur die Geschichte übrigens, denn die Kämpfe bringen vor allem auch Wissen hervor. Das ist so in etwa das Axiom, das meine theoretische Arbeit durchzieht.

Das heißt, das Handeln erscheint von selbst als Kampf.

Ja, weil Handeln ein Kampf darum ist, die Welt zu konstituieren, eine Welt zu erfinden. Ich bin überzeugt, dass es beispielsweise große Fortschritte gibt, die Natur zu verändern, sie hinter sich zu lassen. Handeln, kämpfen, das heißt etwas schaffen.

Die Natur an sich ist kein Feind ...

Absolut nicht, die Natur ist eine Freundin, selbst wenn sie mitunter Hunger oder Kälte bedeutet. Ich habe die Erinnerung an schreckliche Kälte: Kindheitserinnerungen aus der Zeit des Krieges und Erinnerungen aus meinem Erwachsenenleben, die mit dem Gefängnis zusammenhängen. Furchtbar, wie das Gefängnis die Kindheit wieder vergegenwärtigt.

Für Sie war es die Not der Kindheit, die auf diese Art zurückkehrte?

Ja, aber da gab es meine Mutter, die mir half, damit klar zu kommen! Die Person der Mutter und die Gemeinschaft der Freunde: der Reichtum affektiver Beziehungen gibt eine Wärme, die enorm hilft. Meine Mutter starb, als ich im Gefängnis war. Man hat mir keinen Hafturlaub gewährt, kein einziges Mal, weder um sie noch einmal vor ihrem Tod zu sehen, noch zu ihrer Beerdigung. Italien ist ein katholisches Land, und das bedeutet Grausamkeit gepaart mit Scheinheiligkeit. Wenn sie einem sagen, das die Mutter gestorben ist, dann zittert ihre Stimme, aber nicht, wenn sie einem verwehren, auch nur einen halben Tag rauszukommen. Gefängnis bedeutet nicht nur Haft, sondern auch Leid. Wenn man nicht leiden würde, würde man nicht büßen. Ich erinnere mich, dass ich in der Folge ganz fürchterliche rheumatische Schmerzen bekam. Der ganze Körper reagierte, erinnerte sich. Das war 1982.

Eine sehr harte Zeit.

Eine völlig verrückte Situation, es gab dieses unglaubliche Ausmaß an Gewalt. Und trotzdem dachte, schrieb, arbeitete ich weiter. Sie können sich nicht vorstellen, was die Protestbewegung der siebziger Jahre war: Glück.

Glück bedeutete ein Bündel von Erfahrungen, Entwicklungen, Beziehungen, in denen das Verhältnis zur Welt und zu sich selbst so beschaffen ist, dass es jederzeit verändert werden kann. Es gibt kein einsames Glück. Glück in der Einsamkeit ist etwas für Heilige, aber in Mailand waren die Leute keine Heiligen, sie probierten etwas gemeinsam aus. Es war eine totale Immanenz, es war eine geschaffene, gelebte und gewollte Erfahrung. In der Verallgemeinerung dieser Erfahrung wurde sie zur Freiheit. Das ist es, was die Griechen *bios* nannten, das Leben als etwas Gemeinsames. Lohn, Einkommen zählten nicht mehr als die Kämpfe, die Familie war nicht mehr wichtiger als das gemeinsame Leben, das Intellektuelle stand nicht mehr über dem Körperlichen: absolut revolutionär daran war der Wille, die menschliche Erfahrung in ihrer Gesamtheit zuzulassen und zu leben. Im Verhältnis von Handeln und *bios* entsteht die Erwartung der Veränderung, eine Vorstellung der Zukunft.

Man vergisst allzu leicht, dass das Denken Zeit braucht, um sich weiterzuentwickeln. Die italienische Situation und ihre außergewöhnliche Dauer haben eine Gleichzeitigkeit von Erfahrungen und ihrer tatsächlich revolutionären theoretischen Formulierung ermöglicht. Das »Denken von '68« in Frankreich zu verorten, greift zu kurz. Es gibt dort vielleicht ein oder zwei Intellektuelle von 1968, für deren Denken dieses Ereignis und seine Konsequenzen, seien sie nun real oder symbolisch, bis heute zentral sind. In Deutschland gewannen sehr schnell die Epigonen der Frankfurter Schule die Oberhand. In Italien dagegen gibt es zumindest zwei oder drei Strömungen, deren Denken und deren Erfahrung gleichermaßen bedeutend sind, im negativen wie im positiven Sinne. Sie gehen zurück auf das Phänomen der Roten Brigaden und der extremistischen Gruppen, zum anderen auf die Intellektuellen und die Arbeiter, die Studenten und die Frauen in den verschiedensten Zusammenhängen, also auf das, was man die »Bewegung« nannte.

Sie wären nicht inhaftiert worden, wenn es nicht dieses Denken gegeben hätte?

Denken ist etwas sehr gefährliches. Schauen Sie sich die Ausgabe des *Osservatore Romano* an, die ich da habe. Die Zeitung, das offizielle Organ des Vatikan, kommentiert die kürzlich erfolgte Begnadigung eines Brigadisten: »Es darf nicht vergessen werden, dass man in den vergangenen Jahren des Öfteren erleben musste, wie manchen Chefideologen des Terrorismus, Leuten wie Toni Negri und Renato Curcio[7], eine Art Rückkehr *ex cathedra* ermöglicht wurde. Sie erfreuen sich nicht nur ihrer Freiheit, wenn auch mehr oder weniger reglementiert, sondern spielen von neuem eine Rolle auf der politischen Bühne.« So spricht die Inquisition! Zwanzig Jahre sind vergangen, und sie lassen einem nur den Weg, unsichtbar zu bleiben. Einmal schuldig, immer schuldig, bis in alle Ewigkeit.

Als hätten Sie zu Verbrechen angestiftet ...

---

7 Renato Curcio war einer der Gründer der Roten Brigaden. Er wurde im Juni 1975 verhaftet und später zu mehr als dreißig Jahren Gefängnis verurteilt. Curcio gründete während seiner Haftzeit den Verlag Sensibili alle Foglie und lebt heute, auf Bewährung aus der Haft entlassen, in Rom. Vgl. Renato Curcio (1997), Mit offenem Blick. Ein Gespräch mit Mario Scialoja, Berlin: ID Verlag.

Das ist gar nicht das Problem. Curcio war dreißig Jahre im Gefängnis, er war einer der Gründer der Roten Brigaden und er hat bezahlt. Warum diese verbitterte Hartnäckigkeit?

Sie sagten, das Denken bräuchte Zeit ...

Ja, ein Denken in Zeitgenossenschaft braucht Zeit. Es gibt beispielsweise nicht das Etikett »1968«, das für kontrollierte Qualität bürgen würde, für wirkliche Echtheit. Dennoch ist 1968 ein Logo geworden, ein leicht manipulierbares Logo.

Ich gehöre zu denen, die denken, dass 1968 das Verhältnis von Handeln und Leben verändert hat, dass ein historischer Paradigmenwechsel stattfand, eine Neuerung im Verhältnis zum Leben und zur Geschichte. 1968 war keine Revolution, es war die Neuerfindung der Produktion des Lebens.

Seit damals wird das Leben anders gelebt. Selbst der Kapitalismus ist anders geworden: durch die Virtualisierung der Arbeit, durch die Globalisierung und die Zerstreuung der Produktion in der Gesellschaft, durch den Erosionsprozess der Nationalstaaten und so weiter. Die gelebte Erfahrung hat sich grundlegend verändert, das Intellektuelle ist nichts mehr, das vom Leben, von den Leidenschaften getrennt werden könnte. Man sagt immer, dass die große Revolution des Denkens ihren Ausgang von Marx nimmt, oder von Freud, aber das ist völliger Unsinn. Die wirkliche Veränderung geht von jener Wiedereroberung des Lebens aus, die man damals vollzog.

Die Herrschaft, die Macht sind schlau. Sie konnten über das Leben gebieten, weil sie verstanden hatten, was man trennen muss: Arbeit, Affekte, Öffentlichkeit, Privates. Und der neuzeitliche Staat funktionierte über Jahrhunderte in der gleichen Weise, durch Trennung und Angst ... Von daher ist die Neuzusammensetzung des Lebens das grundlegende Moment. Einer der Slogans der siebziger Jahre lautete: »Wir wollen alles!« Darum geht es: Alles.

In Ihrer Kindheit haben Sie Armut kennen gelernt ...

Ich bin im Veneto geboren, in Padua, meine Familie zog in den dreißiger Jahren dahin. Ich erinnere mich, dass das damals eine sehr arme Gegend war, die Leute waren gezwungen, dort wegzugehen und sich jedes Jahr irgendwo anders als Saisonarbeiter zu verdingen. Sie nahmen dabei ihre Familien nicht mit, sondern gingen allein. Das Veneto war eine sehr katholische Region. Die Veneter führte die Emigration hauptsächlich in die Schweiz, nach Deutschland, Frankreich und Belgien. Heute ist das Veneto vielleicht eine der reichsten Regionen Europas. Was sich in vierzig Jahren ereignet hat, steht für eine unglaubliche Entwicklung. Damals war das Land kaum reicher als Sizilien, heute ist es die Region Italiens mit dem höchsten Wohlstand. 7,8 Millionen Menschen leben heute im Veneto.

Ich erinnere mich an die Kriegsjahre auf dem Land, wir waren arm, lebten wie die Bauern und wir überlebten, weil sie uns von dem, was sie hatten, abgaben; das war geteilte Not. Im Haus war Schimmel, die Wände waren mannshoch feucht, das Dach war nicht richtig dicht, es regnete herein, es gab kein warmes Wasser. Mein Vater gehörte zu den Gründern der kommunistischen Partei, 1921 auf dem Kongress von Livorno, und er war Gemeindesekretär in einem Ort in der Nähe von Modena. Während des Faschismus wurde er gedemütigt, zusammengeschlagen und verfolgt, schließlich wurde er gefeuert. Er starb 1936, da war ich zwei. Meine Mutter war Lehrerin an einer Grundschule. Sie begann zu arbeiten, als mein Vater starb. Sie verließ um fünf Uhr morgens das Haus und kam abends zurück. Sie hatte drei Kinder zu ernähren. Meine Mutter hat viel für uns getan, sie arbeitete wie eine Verrückte, um uns großzuziehen.

Mein Vater kam aus einer proletarischen Familie in Bologna, er war Arbeiter. Er hat sich sein Wissen in Abendkursen angeeignet. Meine Mutter kam aus einer Familie kleiner Bauern in Mantua. Die waren großzügig und haben, wo sie konnten, geholfen, hatten aber selbst nicht viel, Butter und von Zeit zu Zeit etwas Käse. Wie sich das Veneto heute verändert hat, ist unglaublich. Ich freue mich ja, dass die Veneter reich geworden sind, aber diese Beschleunigung ist unvorstellbar. Es ist heute schwierig, das Klima zu beschreiben, das dort noch bis Anfang der sechziger Jahre geherrscht hat. Ich erinnere mich an einen Vorfall, ich war damals der junge Sekretär der sozialistischen Föderation in Padua, und es hieß: »Hör mal, da soll es eine Demonstration in irgendeinem Dorf geben, weil der Pfarrer dort die Vorführung von *La Dolce Vita* von Fellini verboten hat. Man muss etwas tun.« Ich beschloss hinzufahren, um mir selbst ein Bild von der Situation zu machen. Ich sah die Leute dort gegen den Herrn Pfarrer demonstrieren, einen regelrechten Diktator. Zu der Zeit verbot man Frauen, wenn sie in die Fabrik zur Arbeit gingen, Hosen zu tragen, obwohl es sehr gefährlich war, im Rock zu arbeiten. Also stellen Sie sich vor, die Leute vor *La Dolce Vita*, der Filmprojektor wirft die Bilder in die Nacht ... Ich werde mich immer an die sechstausend

Leute erinnern, umgeben von tiefster Dunkelheit, weil der Bürgermeister, ein Christdemokrat und mit dem Pfarrer gleichen Sinnes, den Strom teilweise abschalten ließ, und die Leute schauten den Film. Das war Fellini im Neorealismusland, einfach unglaublich. Ich war 25 Jahre alt. Das war das Innere der Widersprüche, aus denen alles anfing.

Wenn wir jetzt mit A weitermachen: A wie Attentat ...

Ich habe nie ein Attentat begangen, man hatte mich einmal angeklagt wegen Bankraubs ...

Bankraub?

Ja. In eine Bank gehen und das Geld mitnehmen. – Aber an irgendwelchen Attentaten war ich niemals beteiligt, ich verabscheue solche Taten. Geld rauben, wenn es notwendig ist, das kann ich verstehen, das ist eine Aktion. So wie Brecht sagte, dass man kaum ermessen kann, was das größere Verbrechen ist, eine Bank zu berauben oder eine Bank zu gründen. Aktion ist das richtige Wort. Die Aktion verbindet den zu erwartenden Ausgang mit der Zukunft. Das stimmt nicht für das Attentat, hier gibt es eine andere Moral, eine andere Haltung. Ich glaube dass ich sie im äußersten Fall verstehen könnte, ohne sie zu teilen.

Also fahren wir fort: A wie Aktion, Ausgang und Aussicht auf die Zukunft.

Agieren, Handeln heißt, das Morgen zu formen, wie wir die Philosophie als etwas betrachten, das im Leben hilfreich ist. Es gibt eine grundlegende Beziehung zwischen Intellekt und Aktion, Denken und Handeln. Das »Erlebnis«, wie es im Deutschen heißt, ist die gelebte Erfahrung, die Reflexion über die Erfahrung, die Erfahrung für die Reflexion, die man wiederum für das Leben braucht, Erlebtes wie Reflektiertes, das zum Handeln führt.

Das einzige Kriterium der Wahrheit ist das Handeln, würde ich sagen. Handeln erlaubt, die Wahrheit zu berühren. Die Wahrheit ist selbst Aktion – ein sprachliches Handeln, ein Beweis, ein Infragestellen. Wenn man handelt, verlässt man die Einsamkeit, weil man handelt und nach der Wahrheit sucht. Die Wahrheit ist deshalb immer etwas Gemeinsames. Nur das Handeln führt aus der einsamen Erfahrung. Handeln heißt nicht die Muskelbewegung oder eine andere physische Anstrengung, sondern die Suche nach Gemeinsamem. Ein solches Verständnis beruht auf einem sozialistisch-kommunistischen Hintergrund: Ausgehend von einem Verständnis kommunistischer Militanz, gibt es für mich keine Wahrheit außerhalb des Gemeinsamen, des *Kommunen*, außerhalb dessen, was allen gehört und was sich in der Sprache, in der Kooperation und in der Arbeit zeigen kann. Wahrheit ist ein kollektives Handeln, gemeinsame Militanz und Veränderung. Ich sehe Handeln als etwas an, das etwas Gemeinsames und ein Gemeinwesen schafft, die Substanz unserer Würde und unseres Lebens. Der Sinn des Handelns ist auf dieser Ebene zu suchen. An verschiedenen Stationen meiner sinnlichen, philosophischen und politischen Entwicklung traf es sich, dass ich ein Gemeinsames neu- und wiederentdecken konnte. So beispielsweise in Padua Anfang der sechziger Jahre, als ich gerade mein Studium an der Universität abgeschlossen hatte und sich mir mit einem Mal zwei neue Wege öffneten: der des akademischen Forschers und der des politischen Militanten. Wir fühlten uns von der Gesellschaft, in der wir lebten, zutiefst enttäuscht, wir hatten eine andere Art des gemeinsamen Lebens entdeckt. Wir hatten zusammen studiert und gearbeitet, und wir waren viele. Es schien uns, dass wir eine Art moderner Anhänger Averroes' wären, wie es sie im 16. Jahrhundert in Padua als materialistische und atheistische Schule gab. Wir waren Teil eines *General Intellect*, dem das Handeln vertraut ist, wie es sich bei Spinoza findet. Und Handeln bedeutet buchstäblich das Suchen und das Schaffen eines Gemeinsamen, und damit: die Betonung der absoluten Immanenz des Gemeinsamen. Handeln ist zugleich eine gemeinsame *Leidenschaft*. Tatsächlich habe ich die größte Angst davor, ohne Leidenschaft zu sein.

Auch das Lesen ist eine Leidenschaft. Meine älteste Tochter sagt manchmal: »Du hast mich nicht zum Lesen gebracht, obwohl du bestimmt Tausende von Büchern gelesen hast.« Aber sie hat ein Talent, um das ich sie beneide: Sie ist Cineastin. Die Welt in Bildern zu begreifen und zu verändern, ist eine Kunst.

Das Leben hat sich heute gewandelt und die Leute sind, auch wenn man das landläufig nicht glaubt, kommunistischer als früher. In meiner Generation wurden wir dazu erzogen, alles alleine zu machen. Heute gibt es Gemeinsames und Gemeinwesen überall und auf allen Ebenen. Selbst um einen Artikel zu schreiben, benutzt man einen Computer, greift auf gemeinsames Wissen oder auf das Internet zurück. Sprache verbindet nun Gemeinwesen in avanciertester Form, man existiert nicht außerhalb der Sprache. Und da die Sprache visuell wird, beginnt das Gemeinsame durch den Körper interpretiert zu werden. Das körperliche Wissen ist ein Ensemble von Kenntnissen, Leidenschaften, Visionen, Haltungen, Wünschen, Wiederaneignungen ... ein unzerstörbares Ensemble.

Allerdings möchte ich an dieser Stelle für einen Moment auf das Konzept des *bios* zurückkommen, weil es meiner Ansicht nach eine bedeutende Erweiterung für das Konzept des Handelns darstellt. Die Krise der siebziger Jahre, ihre Dauer und ihre Bedeutung – das ist die revolutionäre Bewegung, das ist das *bios* gewordene Handeln. In Italien war es eine breite Bewegung, die sich gegen das Zur-Ware-werden des Sozialen wandte und neue Lebensstile vorwegnahm. Wir erlebten das Auftauchen einer Widerstandsbewegung aller minoritären Kulturen gegen die Kommodifizierung der Welt. Handeln ist zugleich Wissen und Revolte.

Die Bewegung hatte unterschiedliche Ausgangspunkte. Grundlegend war ihre Verwurzelung in der Arbeiterklasse. Das tayloristische System der Arbeitsorganisation hatte die Arbeiter an die Grenze dessen gebracht, was sie ertragen konnten. Für die Kommunisten war die Möglichkeit des Widerstands direkt an diese Klasse von Massenarbeitern geknüpft. Um es noch einmal zu sagen, die kommunistische Tradition wurzelte im antifaschistischen Widerstand. Aber das Problem war, dass auf diesem Niveau der Krise die alten Vorstellungen nicht mehr ausreichten. Die Arbeiter gaben damals die Parole von der »Verweigerung der Arbeit« aus. Ich arbeitete damals im Projekt der *Quaderni Rossi*, einer Zeitschrift, die Anfang der sechziger Jahre zum Ausgangspunkt für das wurde, was man später den »italienischen Operaismus«[8]

---

8 Die Bezeichnung »italienischer Operaismus« fasst eine Anzahl von Analysen zur kapitalistischen Entwicklung und zur italienischen Gesellschaft zusammen, die eine Gruppe junger Intellektueller – unter ihnen Romano Alquati, Alberto Asor Rosa, Toni Negri, Raniero Panzieri und Mario Tronti – in der Zeitschrift *Quaderni Rossi* (Rote Hefte) zwischen 1959 und 1962 began-

nannte. Ich habe damals die Entstehung dieser Verweigerungsbewegung bei Fiat in Turin und in der petrochemischen Industrie von Porto Marghera, in der Nähe von Venedig, gesehen. Ich hätte allerdings absolut nie erwartet, dass die Verweigerung überall mit solcher Wucht und solcher Kraft explodiert, wie das nach 1968 der Fall war. Die »Bewegung« nahm ihren Schwung zudem noch aus einem zweiten Antrieb: der Krise der katholischen Welt, die zur Wahl Johannes XXIII. führte. Es war das erste Mal, dass die katholische Basis in den Fabriken begann, an der Seite der Kommunisten zu kämpfen. Auch deshalb konnte 1968 in Italien zehn Jahre dauern. Die Bewegung veränderte die Gesellschaft von Grund auf, weil die Revolte Fähigkeiten zur Neuerung, Praxisformen wie *autoriduzione* und Wiederaneignung, Institutionen wie die »befreiten« und selbstverwalteten Stadtviertel, die Erfindung einer neuen Militanz und ein neues politisches Handeln hervorbrachte.

Das Glück ist ein Dispositiv, das uns mit der Welt verbindet. Glück ist nicht zu trennen vom Gemeinsamen, vom immanenten Leben. Das alles nenne ich *bios*; und die Revolution besteht nun darin, den *bios* in den Mittelpunkt der menschlichen Existenz gerückt zu haben. Handeln und *bios*: die Erwartung der Veränderung und eine Vorstellung der Zukunft. Das Denken braucht Zeit, auch die Herausbildung eines Denkens der Zukunft braucht Zeit. 1968 wird sich nicht wiederholen, ist aber ein irreversibles Ereignis, und nichts ist mehr so wie zuvor. Drei-

---

nen. Die Analysen fanden in Zeitschriften wie *Classe Operaia* (Arbeiterklasse), *Contropiano* (Gegenplan) und *Potere Operaio* (Arbeitermacht) ihre Fortsetzung. In der operaistischen Theorie sind es die Arbeiterkämpfe, von denen aus der gesellschaftlich-geschichtliche Prozess analysiert wird.

ßig Jahre später hat sich das Konzept der gelebten Erfahrung radikal gewandelt: das intellektuelle Leben kann nicht länger von dem der Leidenschaften getrennt werden, die verschiedenen Partien des Menschen finden sich neu zu einem Ganzen zusammen. In unseren Händen halten wir das Versprechen einer Gesellschaft ohne Angst. Das war es, was Spinoza sagte, und wiederentdeckt haben es die Feministinnen, die Arbeiter, die Studentinnen und Studenten, alle, die vier Jahrhunderte später hofften und wollten, dass sich etwas ändert. Etwas hat sich verändert: die Neuzusammensetzung des Lebens.

B

B wie Rote Brigaden ...

Man muss Acht geben und die Roten Brigaden nicht mit der Bewegung der siebziger Jahre insgesamt verwechseln, ebenso wenig darf man die Bewegung für ein historisches Zwischenspiel oder ein isoliertes, bizarres und sonderbares Phänomen halten. Tatsächlich markierte die Bewegung eher einen Kurs, einen gemeinsamen Weg, den ein großer Teil meiner Generation einschlug. Es gibt immer noch Leute – einige sind naiv, doch oft sind sie besessen –, die in mir weiterhin den Kopf der Roten Brigaden sehen, das niederträchtige Hirn. Hochschullehrer zu sein und politisch zu handeln oder, wenn Sie so wollen, Intellektueller und Kommunist zu sein, kann nichts anderes bedeuten als *cattivo maestro*, Verführer der Jugend. Furchtbar.

Warum lief das alles in Italien so?

Kürzlich fragten mich ein paar Journalisten aus den USA, die wegen *Empire* gekommen waren, dem Buch, das ich gemeinsam mit dem amerikanischen Philosophen Michael Hardt geschrieben habe, warum Italien das einzige

Land sei, das den Mai 1968 nicht verdaut hat. Eine absurde Geschichte. Ich könnte Ihnen Leute vorstellen, die heute Ämter in europäischen Regierungen begleiten und die auf die gleichen Erfahrungen zurückblicken wie ich. Aber ich sitze im Gefängnis. Alles steht auf dem Kopf. Nicht meine Geschichte ist dabei besonders interessant, sondern die einer ganzen Generation. Deren Geschichte gilt es zu erzählen um zu erklären, warum so etwas im Jahr 2002 möglich ist: Einige sind im Exil, andere sind im Gefängnis, wieder andere sind im Amt.

Italien ist ein katholisches Land. Mitte der siebziger Jahre hat es als Reaktion auf 1968 eine bizarre Allianz zwischen Katholizismus und Stalinismus gegeben. Man nannte das den »historischen Kompromiss« zwischen dem PCI, der kommunistischen Partei, und der DC, den Christdemokraten, und es war die Verabredung eines abgestimmten politischen Vorgehens. In diesem Bündnis verabschiedeten sich die Kommunisten von der revolutionären Vorstellung, die Armen und die Arbeiter zu vertreten. Wer sich dagegen stellte, bekam die Wucht der Repression zu spüren. Nach 1968 gab es in Italien wie anderswo eine enorme Hoffnung auf Veränderung, gestärkt durch die Kämpfe – in den Fabriken, in den Universitäten, die Kämpfe der Frauenbewegung etc. –, und diese Hoffnung löschte der historische Kompromiss aus. Danach kam die Repression. Die europäische linke Intelligenzija unterstützte die italienische kommunistische Partei, weil sie ein gewisses Maß an Unabhängigkeit gegenüber der UdSSR wahrte. Doch tatsächlich bezahlte der PCI diese Freiheit der Kritik durch Bündnisse und Absprachen mit den herrschenden Mächten im Land, und der Preis waren Tod, Verrat, Intrige und Denunziation.

In Italien begannen Demonstranten damals, sich zu bewaffnen?

Ja, wir haben schon darüber gesprochen. In Italien gab es zwischen 1943 und 1945 einen sehr starken antifaschistischen Widerstand. 25 Jahre später, 1968, war immer noch die Erinnerung daran wach. Der Antifaschismus war mit dem Klassenkampf verbunden, zumindest im Norden waren die Armen antifaschistisch. Anfang der sechziger Jahre drang die außerparlamentarische Linke in fast alle Schichten der Gesellschaft ein und sie fand sich vor allem auch in den Fabriken wieder. Der Bruch mit der »offiziellen« kommunistischen Partei vollzog sich genau da. Weil die Opposition auf der Fabrikebene von den Arbeitern getragen wurde, zwang das die Partei zu einem Rückzug. Das ist heute vielleicht schwer nachvollziehbar. Darüber hinaus war der PCI an den so genannten westlichen Werten orientiert und stand den Vorgaben aus der Sowjetunion abwartend gegenüber. Unter diesen Voraussetzungen die Repression gegen die extreme Linke mitzutragen bedeutete die vollständige Integration ins institutionelle und Parteiensystem der »freien Welt«. An diesem Punkt begannen die Leute zu handeln. Stellen Sie sich vor, was passiert wäre, wenn in Frankreich im Mai '68 die extreme Linke bei Renault oder bei Citroën in der Mehrheit gewesen wäre. In Frankreich waren es die Arbeiter, die nicht mitmarschiert sind. Die Intellektuellen führten die Revolte an, nicht die Arbeiter. In Italien ist das Gegenteil passiert. Die Arbeiter wiesen den historischen Kompromiss zurück, sie führten die Kämpfe an, nicht die Intellektuellen.

Die Leute aus den Roten Brigaden, mit denen ich während der achtziger Jahre oder jetzt, seit meiner Rückkehr

1997, im Gefängnis war, kommen aus dieser Welt der Arbeiterklasse. Sie glaubten wirklich, die Revolution zu machen.

Sie dachten nicht, dass es einen friedlichen Weg geben könnte?

Kein Mensch dachte das damals, ich auch nicht. Auch heute wendet der Staat noch Gewalt an. Ich denke, dass die Reaktion darauf vielleicht auf Gewaltanwendung verzichten, aber sicherlich nicht »friedlich« sein kann. Die Reaktion darauf ist ein Widerstand. Noch weniger friedlich ist der Kapitalismus. Ohne Gewalt kann er gar nicht existieren. Wir hören immer, dass der Kapitalismus »natürlich« sei, weil Markt und Austausch natürliche Formen eines zivilisierten Lebens seien. Man will uns glauben machen, dass andere Formen der Produktion und Reproduktion des Reichtums und des Lebens weder vorstellbar noch realisierbar seien. Und? Diese Legenden sind selbst Gewalt. Das Problem damals war also nicht die Suche nach einem »friedlichen« Weg. Es war eine Entscheidung zwischen dem Widerstand gegen jene Gewalt, meinem Weg, und der Anwendung derselben – bewaffneten – Gewalt, dem Weg der Roten Brigaden.

Regierung und Polizei in Italien haben im Kampf gegen den Terrorismus vor allem zwei Dinge institutionalisiert: die Kriminalisierung der in die sozialen Kämpfe involvierten Intellektuellen und die Denunziation. Das System der *pentiti*[9], also die Anerkennung der Denunziation durch die Rechtsprechung, verspricht allen, die be-

---

9 »Pentito« (wörtlich: der Reuige) heißt im italienischen Strafrecht der Kronzeuge, der für seine Einlassungen vor Gericht mit Straffreiheit rechnen darf.

reit zu »Geständnissen« sind, die Freiheit, welche Anklage auch immer gegen sie erhoben wurde. Ein paar haben ein Dutzend Morde verübt und wurden sofort freigelassen. Viele haben alles Mögliche und Unmögliche erzählt um rauszukommen. Die einen hat man kriminalisiert, die anderen hat man benutzt, um auf ihren Aussagen die Anklagen aufzubauen. Wenn damals Leute mit vorgehaltener Waffe festgenommen wurden, hieß es: »Lieber Freund, entweder du verfaulst im Knast und riskierst deine Haut, oder du redest ...« Einige haben die Wahrheit gesagt, was an sich schon tragisch genug war, weil es zu Dutzenden von weiteren Verhaftungen führte. Andere erzählten schlicht Lügen und ließen zu, dass Unschuldige verurteilt wurden. Noch einmal, die Mehrheit der Beschuldigten in meinem Prozess, im so genannten »7.-April-Verfahren«, wurden nach sechs oder sieben Jahren Untersuchungshaft freigelassen. Die Methode hat sich bis heute nicht verändert: Die Polizei verfolgt nicht mehr als einen kleinen Teil der verübten Taten, meist Aufsehen erregende Delikte innerhalb einer gewissen statistischen Reihung, in deren Fall die Repression exemplarisch wirken soll. Die Hauptaufgabe der Polizei ist es, um diese Fälle herum Informanten zu finden. Es wäre ein großer Irrtum, sich die Polizei ausschließlich als »Organ« im physischen Sinne vorzustellen, als die Einsatzkräfte, die die Bürger beschützen. Die andere Polizei, die immaterielle Polizei, schafft die Ordnung, indem sie die Denunziation instituiert. Die Konsequenzen können Sie sich vorstellen.

C

C wie Champ, das Feld ...

Im Italienischen gibt es nur ein Wort, es bedeutet gleichzeitig »Feld«, »Gebiet« und »Seite« oder »Lager«. Wenn
ich wollte, könnte ich mir also mein Gebiet aussuchen:
ein Bauer sein, der sein Feld bestellt, oder ein Linguist,
der die semantischen Felder erforscht. Im Französischen
wird die Sache komplizierter. Ich müsste mich da zugleich für eine Seite entscheiden, als befände ich mich auf
dem Schlachtfeld. Eine solche Logik weise ich zurück,
der versuche ich zu entkommen. Sich für sein Gebiet zu
entscheiden, klar, solange das geschehen soll, um darauf
Pflanzen oder Wünsche oder affektive Bindungen entstehen und gedeihen zu lassen: das Leben und nicht den
Krieg.

Allerdings ist wahrhaftig die Entscheidung das Problem. Die Entscheidung für eine Seite, für die eigene Sache, ist die Entscheidung für das Eintreten für die eigene
Sache. Es gibt keine Wahrheit, die nicht aus einer Entscheidung für eine Seite hervorgegangen wäre, denn die
Wahrheit ist niemals neutral. Wenn man behauptet, die
Wissenschaft sei neutral, verdammt man sie zur Ohn-

macht. Wenn man behauptet, das Leben sei neutral, verdammt man es zur Langeweile. Die Militanz – das Eintreten für die eigene Sache – eröffnet den Zugang zum Glück der Wahrheit und zur Lust des Lebens. Durch die Militanz entfaltet sich ein linguistisches Feld, das der Fülle der Leidenschaften korrespondiert, die Militanz verwandelt das lebendige Fleisch in den singulären Körper. Das habe ich als junger Mann begriffen: Die Entscheidung für eine Seite als die Entscheidung für die eigene Sache wurde zum Schicksal. Es war auch eine Entscheidung zur Mittellosigkeit, eine Entscheidung, bei den *Anderen* zu bleiben, den Besitzlosen, den Ausgeschlossenen. Es gab also die Entscheidung zur Militanz, andererseits die Situation der Hoffnungslosen. In der zeitgenössischen Philosophie spielt das so genannte »Denken der Negation« – von Friedrich Nietzsche bis Walter Benjamin, von Franz Rosenzweig bis Giorgio Agamben – eine große Rolle. Ich glaube, dass diese Philosophen einen Horizont wahrgenommen haben, an dem sich die Kraft des Lebendigen befreit, auch wenn ihr Denken in gewisser Weise realitätsfern ist. Mein einziger Vorbehalt gilt in diesem Zusammenhang der Vorstellung, dieser Horizont würde sich »hinter unserem Rücken« verbergen, in einer unbestimmbaren Geschichte und in einem undefinierbaren Raum. Doch der Horizont liegt ganz im Gegenteil vor uns, in einer erfahrbaren Zeit, in dem Moment, an dem Punkt, da unser lebendiges Handeln die Leere erfüllt. Das bedeutet für mich, sich für eine Seite zu entscheiden: für die eigene Sache einzutreten und zugleich sich der Situation des nackten Lebens zu erinnern. Jeden Augenblick aufs Spiel zu setzen als lebendige Innovation in einer schöpferischen Zeit.

D

D wie Déchirure, der Einschnitt ...

Es gab in meinem Leben zwei wirkliche Einschnitte, den meiner Flucht und den meiner Rückkehr. Die Flucht bedeutete, eine Niederlage anzuerkennen, die Entscheidung wurde von der Situation vorgegeben und es ging letztlich darum, am Leben zu bleiben. Und das nicht allein physisch, selbst wenn mein Leben tatsächlich bedroht war, sondern vor allem intellektuell. Das physische Leben war dennoch von Bedeutung; zum ersten, was ich nach der Ankunft im Pariser Exil tat, gehörte ein Kind zu zeugen. Meine jüngste Tochter wurde 1984 geboren und für mich und die Frau, die ihre Mutter ist und meine damalige Lebensgefährtin war, war dieses Kind die Bestätigung des Lebens.

Der zweite Einschnitt war der meiner Rückkehr. Eine komplizierte Angelegenheit, wenn ich darüber nachdenke. Ich wollte zurück, weil es nach zwanzig Jahren politisch möglich schien, wieder an etwas anzuknüpfen. Ich hatte darüber in meiner Umgebung in Paris gesprochen und viele der politischen Freunde aus Italien hatten mir mehr oder weniger zugestimmt. Als ich in Italien ankam, brach alles zusammen. Kaum war ich in Italien, warf man mir vor, aus egoistischen Motiven zurückgekommen zu sein, um meine persönlichen Probleme mit der Justiz in Ordnung zu bringen. Die Richter, die über meine Haftstrafe zu entscheiden hatten, gaben mir dreieinhalb Jahre zusätzlich, das war alles. Ich habe das als Verrat empfunden, als sollte die Geschichte ausgelöscht werden. Ein echtes Debakel. Zum Glück gab es Freunde ...

Die in Italien geblieben waren?

Ja, und mit ihnen gemeinsam gelang es mir, wieder zu arbeiten und die Dinge neu anzugehen. Ich habe noch kein Kind gezeugt, aber das kann kommen.

Wenn Sie heute an den Einschnitt denken, den Ihre Flucht nach Frankreich für Sie bedeutet, bereuen Sie etwas?

Ich bin zu einem Zeitpunkt weggegangen, da der politische Kampf so, wie wir ihn auffassten, zu Ende war. Ein Abschnitt in unserem individuellen wie kollektiven Leben, in gewisser Weise historisch einzigartig, war abgeschlossen. In jenen Jahren schrieb ich einen Essay, auf den ich später immer zurückkam, weil darin recht gut das Bewusstsein und die Zweifel, die wir in dem Moment hatten, beschrieben sind: »Éloge de l'absence de mémoire«.

Warum eine Eloge auf den Gedächtnisverlust?

Weil das Gedächtnis einen in eine Kontinuität stellt. Doch Kontinuität entspricht immer einem Standpunkt der Macht. Dagegen muss man eine subjektive Perspektive behaupten und den Schleier herunterreißen, mit dem die Macht unsere Geschichte zu umhüllen versucht, um eine oberflächliche Kontinuität auszuweisen. Der Schleier zwang uns zur Flucht und hüllt uns bis heute in die Vergangenheit.

Und verhindert die Revolte?

Der Schleier verhindert die Revolte nicht, er verschluckt sie. Der Schleier hemmt alles, was zur Revolte orientiert. Revolte bedeutet nicht allein Handeln; Revolte oder Gegenmacht umfasst den Widerstand und das Nachdenken. Neue Mächte formieren sich und die Zusammensetzung dieser neuen Mächte ist wesentlich, denn sie bestimmt über den Inhalt der Kämpfe. Anfang der achtziger Jahre standen wir vor einer ausweglosen Situation. Die Revolte fortzusetzen – unser Ziel – hatte keinen Sinn, weder vom Standpunkt der Subjektivität, da die Arbeiterklasse und alle anderen Subjekte der Kämpfe mitten in einer Transformation steckten, noch vom Standpunkt der kritischen Theorie. Ein Nachdenken war notwendig. Für mich wurde die Suche nach einem neuen Projekt ganz fundamental. Ich verabscheue eine Haltung nach dem Motto: »Die Arbeiterklasse ist tot, aber der Kampf geht weiter.« Nein. Wenn die Arbeiterklasse »tot« ist – was stimmt –, dann betrifft die Krise alle Kräfteverhältnisse, die mit ihr verknüpft waren. Mit dem Sieg der herrschenden Mächte Ende der siebziger Jahre wurde nicht das alte System wiederhergestellt, sondern ganz im Gegenteil. Und die grundlegende Veränderung bot schließlich die Möglichkeit neuen Widerstands, neuer Kämpfe und neuer Fluchtlinien. In dieser neuen Situation galt es also zu handeln, eine Antwort auf die Tendenzen der neuen, durch die Umwälzung veränderten Machtverhältnisse zu finden. Es waren Veränderungen von epochalem Ausmaß: der Übergang vom Fordismus zum Postfordismus, von der Moderne zur Postmoderne. Der Umbruch betraf nicht allein die Produktions- und Machtverhältnisse, auch die Gefühls- und die Bewusstseinsstrukturen, auch die sprachlichen Formen und die Wunschmuster der Menschen wurden umgewälzt. All das. Neue Verhaltenskodizes etablierten sich, neue Formen des Kommandos wurden durchgesetzt und neue Kontrollmechanismen installiert. Hier haben Sie den Einschnitt. Subjektiv betrachtet schien es unmöglich diesen Umbruch in seiner ganzen Ungeheuerlichkeit ertragen zu können. Die alten Formen des Lebens und des Kampfes waren in tausend Scherben geschlagen. Es schien als sei jeder im praktischen Handeln oder im kritischen Denken auch nur angedeutete oder angelegte positive Entwurf definitiv zusammengebrochen. Das Leben wurde jeden Tag komplizierter und die Hindernisse türmten sich höher und unüberwindbarer auf.

Sie haben Italien zu einem Zeitpunkt verlassen, als Ihr Leben auf dem Spiel stand?

Ich durchlebte eine tiefe Depression, noch ein Wort mit D.

Waren Sie entmutigt oder in einer wirklichen Depression? Gab es nicht trotzdem den Enthusiasmus, in einem anderen Land zu sein?

Frankreich war ein Land, das ich gut kannte, es gab also nicht den Reiz des Neuen. Es war September 1983, der Wahlsieg von François Mitterrand lag schon eine Weile zurück. Es war eine Krisenzeit, eine Zeit der Veränderungen, es herrschte nicht mehr die Euphorie von 1981. Es gab bereits die erste Desillusionierung über den Mitterrandismus. Und ich befand mich in einer ernsten Lage. Meine Freunde hatte ich in Italien zurückgelassen. Die italienische Presse tobte über meine Flucht, sie sah darin so etwas wie Vaterlandsverrat. Diese Vorstellung ist in Italien weit verbreitet: Fliehen darf man nicht, Flucht ist Verrat. Für die Rechte war ich, wie zu erwarten, ein Feigling, und die Linke zog mich durch den Dreck. Es war unglaublich. Aus der Linken war zu hören: »Wir haben ihm vertraut, wir haben ihn ins Parlament gewählt, wir haben ihn gewählt, weil er für die sozialen Kämpfe steht und gegen die Notstandsgesetze, mit denen sie den sozialen Protest und den Terrorismus bekämpfen, und jetzt verschwindet er einfach. Er hat uns im Stich gelassen.« Tatsächlich war es so, dass mich die kommunistische Partei hasste, weil ich ihr als ein Symbol und ein Resultat ihrer eigenen Krise galt und sie eigentlich gezwungen war Konsequenzen zu ziehen. Und die extreme Linke – oder vielmehr das, was von ihr übrig war – war zu der Zeit fern jeder Realität, da sie immer noch davon überzeugt schien gewinnen zu können, absolut verrückt. Sie erkannte ihre Niederlage nicht an. Ich verstand das schließlich, doch es war psychologisch schwierig, das zu akzeptieren.

Hatten Sie das Gefühl, ihre Freunde im Stich gelassen zu haben?

Nein, aber wissen Sie, das war nicht einfach. Es war, als wäre ich für immer gegangen. Es gibt nicht die großen politischen Ereignisse, die schwer zu ertragen sind; die eher einfachen Dinge geben einem ein Gefühl dafür, ob es noch geht. Und es braucht immer Zeit bevor man realisiert, was den anderen zu schaffen gemacht hat. Es gab vor allem im Gefängnis Freunde, zu denen ich sehr enge und starke Beziehungen hatte.

Und sie fühlten sich nicht verraten?

Doch. Nicht alle, aber ein guter Teil von Ihnen. Und angesichts der Situation, in der sie sich befanden, konnten auch die, die nicht an Verrat dachten, das nicht wirklich sagen, und sei es nur, weil die Aufseher, die Polizei darin eine Art Sympathiebekundung für die Flucht gesehen hätten. Sie riskierten viel, die Prozesse waren noch im Gange oder hatten noch nicht begonnen, es war kein Scherz. Aus Opportunismus sagten manche: »Wir sind nicht für Negri, wir sind ja hier, Negri hat uns verraten.« Andere, die einverstanden waren mit der Art, wie ich handelte, sagten gar nichts. Die Rechte und die Linke griff mich an, man warf mir vor, ein Philosoph ohne jede Moral, ein *cattivo maestro* und Verführer der Jugend zu sein, weil mein Verhalten nicht sokratisch war. Man müsse, so hieß es, das Gesetz achten, auch wenn das Gesetz ungerecht sei, weil nur so die Möglichkeit bestehe sich zu verteidigen. Wie hätte ich das anstellen sollen? Man hat mich zu dreißig Jahren Haft verurteilt, gestützt einzig auf die frei erfundene Denunziation eines so genannten »Kronzeugen«. Nun, ich war der Haftstrafe entkommen, aber ich hatte mehr als vier Jahre auf einen Prozess gewartet, der nicht anfing. Nachdem ich nicht mehr da war, konnte das Verfahren beginnen. Es genügte, dass ein paar »Kronzeugen« mich aller möglichen Taten beschuldigten, was weiß ich. Sie wollten raus aus dem Gefängnis, ich war auf der Flucht – jede Verteidigung war unmöglich.

Wie war Ihre Situation in Frankreich? Hatten Sie sofort die Mittel, um zu überleben, sowohl in materieller Hinsicht als auch psychisch, und um mit dem Schreiben fortzufahren?

Ich hatte viele Freunde. Da war Félix Guattari, mein treuer Freund. Ich habe längere Zeit unter dem Namen Guattari gelebt, weil Félix mir ein Appartement besorgt hatte, in dem ich wohnen konnte. Vorher, meine erste Wohnung, hatte Amnesty International zur Verfügung gestellt. Das war am Place d'Italie in einem Hochhaus, im 19. oder 20. Stock. Ich lebte zwei oder drei Monate lang in diesen vier Wänden. Ich erinnere mich, wie ich die Vögel beobachtete, die in der Luft ihre Kreise zogen, um dann schnurstracks nach unten zu stechen. Und unten sah ich die Autos, ganz klein, und noch mehr Vögel und noch mehr Autos ...

Ich habe ein Kind gezeugt. Ein prächtiges Mädchen. Das war wirklich ein guter Einfall. Wir wussten nicht, was wir tun sollten, und haben das einzig Vernünftige getan. Das war eigentlich recht amüsant. Amüsant und schrecklich, weil wir wieder von Null anfingen. In Italien hielten sich die Hassgefühle auf alles, wofür ich stand, und waren beinahe unerschütterlich. Der damalige italienische Staatspräsident nannte mich in einer öffentlichen Ansprache den gemeinsten Lump, den er sich vorstellen könne, in Lombrosos Kategorien[10] das schlimmste Pack, ein krimineller, abstoßender und gefährlicher Charakter. Der Präsident der Republik redete so. Das war beileibe

---

10 Cesare Lombroso (1836 – 1909), klinischer Psychiater an der Universität Turin, erstellte ein kriminalanthropologisches Kategoriensystem, das bestimmten Arten von Verbrechen anthropometrische Daten zuordnete.

nicht komisch, sondern ein unglaublicher Akt verbaler Gewalt. Das Schlimmste war, dass es aufrichtige und kluge Menschen gab, die ihm das abnahmen.

Und auf die Weise ist es im Bewusstsein geblieben?

Ja, ich lebe bis heute damit. Man hat den Eindruck, dass die Toleranz größer ist, solange ich ruhig bin und im Gefängnis sitze. Aber es braucht nicht viel, damit es wieder losgeht: ein Artikel irgendwo, die Teilnahme an einer Diskussion, ein Buch, das in den USA Beachtung findet ... Und wenn sich der Hass nicht aus dem Ressentiment speist, dann aus dem Neid.

Wann haben Sie Félix Guattari kennen gelernt?

Gilles Deleuze kannte ich schon zuvor. Félix Guattari habe ich 1978 getroffen und wir schrieben uns regelmäßig, auch während ich inhaftiert war. Er kam nach Italien, um mich im Gefängnis zu besuchen, und hat meine Ankunft in Frankreich geregelt. Er hat die Anwälte ausfindig gemacht und mein Exil vorbereitet. Das Appartement hat er auf den Namen seines Bruders angemietet, damit ich darin wohnen konnte. Es war eine sehr schöne Wohnung mit Blick auf einen Hof.

Hatte Guattari wirklich so viel Charisma, wie man sagt, mehr als Deleuze?

Deleuze war eine deliziöse Persönlichkeit, aber er war Professor, ein großer Intellektueller. Wir sprachen über viele Dinge, aber ich konnte ihm nie sagen, ich sei deprimiert oder erschöpft oder hätte Probleme. Ihn konnte ich nie fragen, was ich tun soll, und es war schwierig, ihm zu erklären, was in Italien passierte. Mit Félix war das möglich. Und daher haben wir schon bald Dinge gemeinsam angegangen, nicht nur theoretischer Art. Wir haben die erste »grüne« Organisation in Frankreich mitgegründet, mit Hilfe der Grünen in Deutschland. Félix war mit Dany Cohn-Bendit befreundet, und vor allem mit dessen Bruder Gabriel. Ich hatte ebenfalls einen Freund in Deutschland, einen Achtundsechziger, der politisch eine Rolle spielte und Mitglied der deutschen Grünen war. Mit ihnen organisierten wir ein erstes Treffen in Paris und die gesamte französische radikale Linke kam, von Yves Cochet bis Alain Krivine. Diese Treffen, die von 1984 bis 1986 gingen, hatten das Ziel, zwischen Rot und Grün eine Verbindung herzustellen.

Félix gehörte zur Pariser Intellektuellenszene, er kümmerte sich um kulturelle Dinge, verfolgte alle möglichen Experimentalgeschichten. Er hatte einen kleinen Kreis um sich, in der Mehrzahl sehr intelligente und interessante Leute, obgleich, als ich nach Paris kam, für ihn die Kommunikation mit diesem Kreis bereits weniger wichtig geworden war. Félix hatte eine unglaubliche Fähigkeit einem zuzuhören. Bei ihm war alle Welt zu Gast, und das gestattete mir alle lebenden Akteure der Pariser Kulturszene kennen zu lernen. So trafen wir alle, die wir interessant fanden. Das war gut.

Und dieses rot-grüne Bündnis, hat das damals funktioniert?

Nein. Die Trotzkisten wollten nicht. Tatsächlich gehen *Les Verts*, die französische grüne Partei, auf Mitterrand zurück, das war kein wirklich selbstständiger politischer Prozess. Das Verhältniswahlrecht machte es möglich, dass zur gleichen Zeit die extreme Rechte von Jean-Marie Le Pen und *Les Verts* politisch in Erscheinung traten.

Damals gab es einfach die Schwierigkeit, dass es uns nicht gelang, unser Projekt zu konkretisieren. Auf der einen Seite gab es die Trotzkisten, auf der anderen die Krise einer Linken, die es nicht schaffte, sich zu vereinigen. Es gab keine Kämpfe mehr. Die einzige Perspektive, die sich uns bot, war die Bewegung der *Beurs*[11]. Da gab es dieses Neue, das interessant war: der Beginn einer Bewegung, die die Kultur der *Beurs* für sich beanspruchte. Das war eine neue Hybridisierung.

Unter anderem mit der Organisation SOS Racisme.

Ich habe angefangen, über Dinge dieser Art ein paar kleine Artikel zu schreiben. Über diesen merkwürdigen vielfarbigen Orpheus, diese neuen Gruppierungen, die vor allem 1986 und 1987 in Erscheinung traten. Das Konzept der Hybridisierung drängte sich hier auf, sie öffnete erneut Horizonte. Man hat das schon länger erlebt, wie das »Lokale« zum »Globalen« wurde: *glocal* nennen das die Amerikaner. Heute sprechen die Leute mehrere Sprachen und beherrschen mehrere Niveaus von Sprache. Und es geht auch nicht nur um die Kinder der Einwanderer, sondern um unsere Kinder. Die Kultur insgesamt ist hybridisiert. Ich finde das toll, die Freiheit der Verbindung und Hybridisierung erlaubt es, Gefühle und Empfindungen neu und anders auszudrücken. So erfinden sich neue Subjekte, Subjekte ohne feste Schranken oder Identitäten.

---

11 *Beurs* war ursprünglich ein rassistisches Schimpfwort für Einwanderer aus Nordafrika, bevor die antirassistische Bewegung der Jugendlichen aus den Vorstädten es in seiner Bedeutung »umdrehte«.

Tatsächlich setzte ein Bewusstsein über diese Veränderungen mit der Bewegung der Beurs *ein, und gleichzeitig gab es die gewalttätige Gegenreaktion, vor allem vom* Front National.

In Frankreich konnte man ein Phänomen beobachten, das die Entwicklung in anderen europäischen Staaten zum großen Teil antizipiert hat ... Eine kleine Anmerkung zur Antizipation: Wenn ich Entwicklungen häufig im Vorhinein zutreffend prognostiziert habe, dann erfüllt mich das schon mit ein bisschen Forscherstolz. Methodisch geht es um das Herausarbeiten von Tendenzen, also darum, die Bedeutung einzelner Entwicklungen zu antizipieren, die ein so genanntes »tendenzielles« Dispositiv bilden, von denen man also denkt, dass sie sich in der Zukunft durchsetzen werden.

Worauf stützt sich die Methode?

Zunächst waren es die Umwälzungen im Bereich der Arbeit, die wir wahrgenommen haben. Bestimmte Veränderungen der Arbeit fanden einen unmittelbaren Niederschlag in der Soziologie und der Architektur der Städte oder auch im Alltagsleben. Die neuen Formen, die Arbeit zu organisieren, antizipierten tatsächlich die neuen Lebensformen. Die Problematik ist von grundlegender Bedeutung für die Gegenwart, denn die Lebensformen organisieren sich ausgehend von der Produktion. Oder anders gesagt: Die Lebensformen selbst sind die Grundlage des Profits heute. Ich sage: »die Lebensformen«, aber ich meine genauso die Sprache, also die Möglichkeit der Kommunikation. Wir sehen hier zwei Aspekte einer einzigen »tendenziellen« Veränderung: einerseits die stetig zunehmende Immaterialität und kommunikative Substanz der Arbeit und andererseits die Hybridisierung der Lebensformen, also ihren biopolitischen Einsatz.

Wenn wir das auf den Augenblick meines Weggehens aus Italien zurückbeziehen, auf diesen Einschnitt, den das Weggehen bedeutete, so gab es darin immer auch ein Bewusstsein dieser Veränderung. Durch das Weggehen bekam ich ein Gespür für den wirklichen Bruch, für den wirklichen Paradigmenwechsel. Eine andere Welt war im Begriff zu entstehen und man hatte ein Bewusstsein davon. Handelte es sich um den Übergang von der Moderne zur Postmoderne? Postmoderne entstand als literarische Kategorie, aber die Postmoderne wurde schnell zu etwas ontologischem, etwas, das zutiefst mit den vielfältigen Lebensformen der Menschen verbunden ist, mit ihren Produktions- und Reproduktionsweisen. Eine neue Wahrnehmung des Körpers, eine neue Wahrnehmung der Potenz des Lebens.

Als Sie in Paris waren, mit wem hatten Sie da, abgesehen von Guattari, näheren Kontakt? Hat man sie beispielsweise in den psychoanalytischen Kreisen akzeptiert?

Ich erlebte diesen Einschnitt und diesen Übergang mit Félix als Freund und mit Deleuze als Philosoph. Daneben gab es eine Gruppe von Intellektuellen mit Interesse an Spinoza, die zu guten Freunden wurden, darunter Alexandre Matheron, Pierre-François Moreau und Etienne Balibar. Sie wurden wirkliche Freunde. Dann gab es kritische Marxisten wie Jean-Marie Vincent oder Denis Berger, Leute, die durch die Erfahrung der Kämpfe geprägt waren, die Gruppierung, die an der Universität Paris VIII den Wechsel von Vincennes nach

Saint-Denis[12] erlebt hatte. Es gab die Italiener im Exil, meist kluge und sehr politische Menschen, fast alle sind heute Universitätsdozenten oder Gastronomen – oder einfach: Lebenskünstler. Es gibt gegenwärtig noch einhundertfünfzig Exilierte, die nicht nach Italien zurückkönnen: zwanzig Jahre sind vergangen, sie haben sich ein neues Leben aufgebaut, weiße Haare bekommen, und vielen geht es gut. Und trotzdem bleibt die alte Wunde.

Waren Sie der einzige, der glaubte, einfach nach Italien zurückkehren zu können?

Ja ich war wirklich ein Trottel! Aber ich war auch der einzige, der sich das erlauben konnte.

Hat man sie gewarnt?

Ja, aber ich war nicht in der Verfassung, darauf zu hören, ich hatte auch persönliche Probleme. Ich war gerade daran, mich von meiner Lebensgefährtin zu trennen. Ich erlebte das als einen Verrat, einen intimen Einschnitt, der den Einschnitt des Weggehens noch verstärkt. Diese Trennung und meine Rückkehr nach Italien trafen tatsächlich genau zusammen. Ich glaube, dass für mich mit einigem Abstand die Dinge klarer wurden. War die Trennung der

---

12 Die Universität Paris VIII (Vincennes-Saint-Denis) wurde im November1968 auf Initiative einer Gruppe von Dozenten und Studenten an der Sorbonne gegründet. Das »Centre expérimental« im Pariser Stadtteil Vincennes galt nach dem Mai 1968 als ein Projekt einer selbstbestimmten und interdisziplinär orientierten Reformuniversität. Hier lehrten unter anderem Gilles Deleuze, François Châtelet, Michel Foucault und Jean-François Lyotard. 1980 wurde die Universität von Vincennes nach Saint-Denis umgesiedelt.

Grund für die Rückkehr oder hatte meine Rückkehr zur Trennung geführt, das war die Frage. Ich glaube, in erster Linie ist die zweite Erklärung die richtige. Meine Ex-Lebensgefährtin blieb in Frankreich, sie hat dann geheiratet und zwei Kinder bekommen. Darüber bin ich glücklich, aber in dem Moment damals war das schwierig zu akzeptieren. In meinem Leben war ich in vielen verschiedenen und komplizierten Gefühlssituationen, doch in dieser Trennung habe ich, glaube ich, das Drama meines Weggehens noch einmal durchlebt, nur umgekehrt. Es gab tatsächlich einen Verrat an dem Vertrauensverhältnis und an der Solidarität, die wir durchlebt hatten. Der Verrat, den die Trennung darstellte, war erneut – aber mit umgekehrten Vorzeichen – wie der, den ich beim Weggehen aus Italien empfunden hatte: das Gefühl, die anderen im Stich zu lassen. Ich kann kaum erklären, warum der Wunsch Frankreich zu verlassen so ungeheuer stark war, obwohl ich furchtbare Angst hatte. Die Entscheidung hat drei Monate gedauert. Das war 1997, ich hatte gerade gemeinsam mit meinem Freund Michael Hardt *Empire* geschrieben. Wir hofften, dass meine Rückkehr dazu beitragen könnte, die siebziger Jahre erneut auf die Tagesordnung zu setzen und eine politische Lösung für all die zu finden, die immer noch im Gefängnis oder im Exil sind. Die ganze Sache hing letztlich vom Gelingen einer Verfassungsreform ab, die zu der Zeit in Italien beraten wurde. Alle Welt glaubte tatsächlich, dass das zu etwas führen würde. Doch dann gab es eine heftige Auseinandersetzung zwischen der Rechten und der Linken, die den Reformprozess blockierte, die Verfassungsänderung wurde nicht verabschiedet und die politische Lösung ging mit ihr unter. Ich blieb im Gefängnis, ein Gericht verurteilte mich zu dreieinhalb Jahren zusätzlich. Die Gesamtstrafe belief sich somit auf siebzehneinhalb Jahre Haft! Und selbst wenn ich zwischenzeitlich nicht mehr in der Haftanstalt eingesperrt bin, was man in Italien *semi-libertà* nennt, die gerichtliche Verfügung über den Aufenthaltsort[13], so weiß ich, dass meine Haft erst im Oktober 2003 enden wird, nicht vorher. Ziemlich lange, oder?

All die Jahre im Gefängnis haben Sie nicht verbittert?

Man ist es einfach nicht gewohnt, mit Institutionen konfrontiert zu sein. Denken Sie nach, mit welchen Institutionen man es im Laufe des Lebens zu tun hat. Da gibt es natürlich die Schule, das ist nicht immer sehr lustig, aber so beginnt der Ernst des Lebens ... Dann gibt es die Armee, aber das geht schnell vorbei, glücklicherweise. Es gibt all die Einrichtungen im Gesundheitswesen, ganz unterschiedlich von Land zu Land, auf alle Fälle aber hat man es lieber nicht mit Ärzten zu tun. Krankheiten selbst sind schon unangenehm und manchmal sind Ärzte noch unangenehmer. Das ist schon alles. Schließlich weiß kein Mensch, was ein Gefängnis ist, außer denen, für die das Gefängnis zum Teil ihres Lebens geworden ist. Das Gefängnis ist nicht an sich furchteinflößend, sondern dass man keine Ahnung davon hat und dass man sich daran gewöhnen kann.

Als Sie Paris verließen, haben Sie ihre Tochter, die dort geboren wurde, zurückgelassen?

Die Kleine? Nein, die war schon in Italien, wo sie und ihre Mutter lebten. Ich sehe sie in den Ferien, im Sommer.

---

13 Seit Mai 2002 ist es Toni Negri erlaubt, unter gerichtlichen und polizeilichen Meldeauflagen zu Hause zu wohnen.

Sie kam nach Frankreich, um mich zu besuchen, jetzt kommt sie regelmäßig nach Rom.

Wir sprachen vorhin über Verrat. Bei der Rückkehr fühlten Sie sich verraten ...

Aber der Verrat hat nichts mit Liebesdingen zu tun. Mir fiele es nicht ein zu denken, dass eine Frau mich »betrügt«, das interessiert mich nicht. Jedenfalls nicht in der Art der Schmierenkomödien, wo das ganze eher leicht und locker ist. Tatsächlich richtet sich der Verrat, wenn man wirklich jemanden verrät, gegen einen ganzen Lebensentwurf, hat eine ethische Dimension – und berührt nicht nur Vorstellungen über Treue. Es geht dabei weder um Eifersucht noch um Besitz ... Überhaupt Besitz oder Eifersucht, ich kann das nicht verstehen.

Mit Verrat verbindet sich, wenn ich darüber nachdenke, ein ganz anderes Gefühl, etwas, das tatsächlich in unserem Inneren existiert und eine sehr primitive Saite in uns anschlägt. Politische Umstände allein bestimmen dieses Gefühl nicht, sondern finden in unserem Innern einen Widerhall.

Der Verrat richtet sich wie die Denunziation gegen eine ganz einzigartige transversale Verbindung zwischen Menschen: eine Gemeinschaft aus Liebe, eine Transversalität aus Vertrauen, eine gemeinsame Sprache. Der Verrat stört einen im Entstehen begriffenen gemeinsamen Entwurf, er ist Zerstörung im eigentlichen Sinn.

Zerstörung von etwas Unantastbarem?

Von einem spinozistischen Standpunkt aus betrachtet, liegen die Dinge ganz klar. Was zeichnet die Menschen aus? Transversalitäten, Verbindungen zwischen Atomen,

Verbindungen von Körpern. Es gibt viele Phänomene des Bruchs. Der Einschnitt zerschneidet ein Gewebe, ob es freundschaftlich oder sozial begründet ist, auf Liebe oder auf Politik beruht. Die Denunziation und der Verrat gehören zusammen, obgleich man sie unter verschiedenen Blickwinkeln betrachten könnte: politische Denunziation, affektiver Verrat, Denunziation der Wahrheit, Verrat eines gemeinsamen Entwurfs und einer körperlichen Beziehung. Durch Denunziation und Verrat wird eine Wahrheit, eine Intimität, ein Einverständnis zerstört, abgewehrt, beschädigt. In beiden Fällen sind zuvor Verhältnisse entstanden, in denen sich neue Lebensformen konstituierten; und in beiden Fällen besiegelt man deren Zerstörung. Verrat und Denunziation sind so betrachtet identisch: Sie reißen das »Kommune«, das Gemeinsame nieder. In Italien etablierte sich mit der Krise und dem Ende der revolutionären Bewegungen Ende der siebziger und Anfang der achtziger Jahre eine Art Grundhaltung aus Denunziation – Denunziation und *pentitismo* wurden von der Macht als Instrumente des Schutzes der Person durch das Recht eingesetzt. Eine ganze Reihe von Gesetzen wurde dazu verabschiedet: Reden hieß fortan, aus dem Gefängnis zu kommen. Diese Gesetze sind bis heute von höchster Bedeutung und finden ihre Anwendung beispielsweise gegen die Mafia. Tatsächlich wurde dadurch das gesamte italienische Rechtssystem völlig umgekrempelt. Im Endeffekt führte das dazu, dass Leute, die Dutzende Morde begangen haben, in Freiheit sind und andere, die niemand umgebracht haben, noch immer im Gefängnis. Ein perverses System, mit unvorstellbaren Folgen.

Das System wurde aber später in Frage gestellt.

Nein, in Frage gestellt wurde es nur im Bereich der Wirtschaftskriminalität.

Weil man denkt, dass es im Kampf gegen die Mafia eine wirkliche Unterstützung bietet, was allerdings nicht sicher ist.

Auch unabhängig von der moralischen Bewertung eines solchen Typus von interessierten »Kronzeugen« ist das System zumindest zweischneidig.

Letztlich sind das mafiose Mittel, oder nicht? Man versucht den Gegner mit seinen Waffen zu schlagen.

Die gleiche Art von Denunziantentum förderte die italienische Justiz in den neunziger Jahren gegen bestimmte Politiker. Ich rede von den Verfahren gegen Sozialisten und gegen Rechte aus jüngster Zeit. Es geht mir gar nicht darum zu bezweifeln, dass eine bestimmte Sorte Politiker korrumpiert ist – das ist ziemlich offensichtlich, sie sind es sogar in unvorstellbarem Ausmaß. Aber die Justiz hat bestimmte sehr zweifelhafte Methoden verinnerlicht und ein paar mal zu oft angewandt. Wie ich bereits sagte, ist die Linke durch den Kampf gegen den Terrorismus zu diesem Justizsystem gekommen. Sie war es, die Ende der siebziger Jahren die politische Repression ausgebaut hat. Und die gleichen Methoden richteten sich zehn Jahre später gegen die Sozialisten und die Christdemokraten. Und auch gegen Berlusconi. Wir dienten damals sozusagen als Versuchskaninchen.

Welche Linke?

Die Kommunisten. Aber Berlusconi hat eine Antwort gefunden und ist obenauf. Das ist das Problem. Das ist unglaublich! Die Korruptionsidee hat alles infiziert. Die juristische Auseinandersetzung, um die Gegner einen nach dem anderen auszuschalten, ist unbrauchbar geworden. In *Empire* haben wir beschrieben, wie die Korruption zu einer Regierungsform wird. Das ist leider kein Defekt und auch keine Ausnahme: Korruption wird eine Form des Regierungshandelns im eigentlichen Sinn. Das würde ich gerne vertiefen, wir sollten darauf zurückkommen.

Muss es notwendigerweise so enden?

Nein, aber wenn sie in einem Land leben, in dem es eigentlich keine politische Repräsentation mehr gibt, sondern nur noch Formen, die mehr oder weniger den Kommunikationsstrategien in der Publicity und der Werbung entsprechen, dann gibt es keine Kämpfe mehr, keine Politik, keine Körper.

Wie in Amerika?

Ganz genau. Alles läuft über das Spektakel, das Fernsehen.

Finden Sie das gefährlich oder nicht?

Nein, ich finde das nicht gefährlich, auch wenn es nicht unbedenklich ist, aber auch nicht mehr. Ich nehme es als Tatsache hin, dass es so läuft. Es geht einfach darum zu verstehen, wie es dazu kommt, und eine mehr oder weniger angemessene Art und Weise zu finden, diese Formen umzuwälzen.

Trotzdem gibt es eine Entwicklung dieser Formen.

Wir leben in diesen Formen. Es gibt keine Möglichkeit, sie zu verdrängen. Man kann nicht einfach in Frankreich oder in Italien die Revolution machen. Es ist realistischer, im Weltmaßstab einen Gegenentwurf zur Macht zu entwickeln, eine Antwort auf die Globalisierung im Innern der Globalisierung selbst zu suchen.

Das führt uns geradewegs zu E wie Empire und danach zu den Themen Grenze und Globalisierung.

E

E wie Empire ... Was muss man über Empire wissen, über das Konzept, das Sie gemeinsam mit Michael Hardt entwickelt haben?

Unsere Arbeit war vor allem eine Operation auf der theoretischen Ebene, eine Klärung von Bedeutungen. Tatsächlich birgt der Ausdruck »Empire« die Gefahr, missverstanden zu werden. Binnen kurzem ging er ins journalistische und politische Vokabular ein und wurde da schnell zur Allerweltsformel. Uns ging es mit dem Begriff Empire um etwas ganz Bestimmtes: die Verschiebung der Souveränität von den Nationalstaaten zu einer über die Nationalstaaten hinausgehenden Ordnung. Diese Verschiebung wurde jedoch fast immer über »innenpolitische« Analogien verstanden, das heißt, man stellte sich das Empire implizit als einen über die ganze Welt ausgedehnten Nationalstaat vor. Mit dieser banalisierenden Interpretation hält sich die weit verbreitete Annahme, das Empire seien die Vereinigten Staaten. Wir betonen dagegen, dass die großen Verschiebungen der Souveränität, die sich vor unseren Augen materialisieren, und zwar in der militärischen, monetären, kulturellen, politischen und sprachlichen Sphäre gleichermaßen, sich nicht durch irgendwelche innenpolitische Analogien erklären lassen. Letztendlich muss man sagen, dass sich die Struktur des Empire von der der Nationalstaaten radikal unterscheidet.

Der Prozess, durch den das Empire Wirklichkeit wird, beruht auf widersprüchlichen Phänomenen: auf den Kämpfen in den metropolitanen Gesellschaften, in denen die Arbeiterklassen sich gegen das Kapital bis zu einem Punkt behaupteten, da die Reproduktion des kapitalistischen Systems auf nationaler Stufenleiter nicht länger möglich war; auf den antikolonialen Kriegen und auf dem Vietnamkrieg, durch die sich eine sehr wichtige antiimperialistische Dynamik entwickelte, die den Kapitalismus in seinem Innersten erschütterte; schließlich auf der Krise der sozialistischen Länder, da das sozialistische Management des Kapitals angesichts des ständig größer werdenden Rufs nach Freiheit keine Entwicklungsperspektive hatte. Die kumulativen Wirkungen dieser Prozesse bestimmen die Ungleichgewichte und Widersprüche auf Weltniveau. Der Übergang zum Empire vollzieht sich inmitten einer Vielzahl von extrem gewalttätigen Konflikten.

Der imperiale Prozess, den Michael Hardt und ich beschrieben haben, ist widersprüchlich sowohl in seinen Voraussetzungen als auch in seiner Dynamik. Heute haben wir eine *Gouvernance* auf Weltebene, die darum bemüht ist, Formen der Regierung zu etablieren, die sich über den biopolitischen Zusammenhang der Bevölkerung im Weltmaßstab legen können. Was uns motivierte, dieses Buch zu schreiben, war, einen Anfang zu machen und das Terrain der Kämpfe und der Gegenmacht im Innern des Empire selbst zu erkunden. Das hieß vor allem, zu ein paar grundlegenden Forderungen zu gelangen und sie so zu formulieren, dass sie diesem neuen Terrain entsprechen. Ich denke besonders an drei. Es gilt auf der Ebene der aktuellen ökonomischen Globalisierung eine Globalisierung der Weltbürgerrechte zu fordern. Es sind dies besonders das Recht auf Mobilität, dann das Recht auf einen sozialen Lohn im Sinne eines garantierten Einkommens für alle, schließlich das Recht auf Wiederaneignung, das heißt die Anerkennung der Tatsache, dass die Produktion der *Multitude*, der Menge gehört.

Zum ersten Punkt: Arbeitskraft kennt heute keine Grenzen mehr. Man muss daher anfangen, »Bürgerrecht« im Sinne einer Weltbürgerschaft zu denken. Die Leute müssen gehen können, wohin sie wollen, sie sind Bürger; sie müssen da wählen können, wo sie sind und wo sie arbeiten. Die freie Zirkulation der Menschen war bis heute völlig der Verfügungsgewalt des Kapitals unterworfen. Das Kapital brauchte Arbeitskraft zu niedrigen Preisen, die Kontrolle über die Mobilität der Arbeitskraft war unabdingbar für die Produktion des Werts. Wir fordern dagegen, dass die freie Mobilität ein unveräußerliches Recht der Weltbürgerinnen und -bürger wird.

Zum zweiten Punkt: Ein sozialer Lohn bedeutet, ein System zur Verteilung des Reichtums zu etablieren, das die Reproduktion als notwendig voraussetzt. Reproduktion bedeutet nicht allein die Reproduktion der Arbeitskraft, sondern die Reproduktion der Gattung. Konkret übersetzt sich das in die Forderung nach einer Entlohnung aller als Teil des kapitalistischen gesellschaftlichen Zusammenhangs, einer Entlohnung der sozialen Kooperation und der Affekte, die einen integralen Anteil an der Produktion des Werts haben. Auf diesen Zusammenhang verwies Deleuze, wenn er, bezogen auf den Anteil von Frauen an der gesellschaftlichen Produktion, vom »devenir-femme«, dem »Frau-Werden« der Arbeit sprach. Das bedeutet auch, dass alle Zugang zur Gesundheitsversorgung, zum Wissen und zum materiellen Wohlbefinden haben. Die Welt kann nicht länger zwischen reich und arm, zwischen produktiv und unproduktiv geteilt sein, denn die Produktion hat das Leben selbst zum Einsatz. Eine Einteilung ist nicht länger möglich. Ein garantiertes Einkommen, ein Weltbürgereinkommen, setzt dem Wechselspiel von Wohlfahrtspolitik und Armengesetzen, das die sozialen Spaltungen zementiert hat, ebenso ein Ende wie dem sozialen Elend. Die Produktion ist in ihrer Gesamtheit biopolitisch geworden. Das garantierte Einkommen ist der Lohn des Lebens.

Zum letzten Punkt: Wenn das Leben zum Antrieb der Produktion geworden ist, so fordern wir für die *Multitude*, die Menge, die Weltbürger, sich das Leben wiederaneignen zu können. Zum Beispiel sollte es kein Copyright mehr geben. Warum sollte das Wissen, das heute im Mittelpunkt der Produktion steht, nicht allen frei zugänglich sein?

Ist das das Ende der Vorstellung vom Autor?

Es ist das Ende der Vorstellung von Eigentum. Auch wenn ein Ende der Vorstellung materiellen Eigentums kaum denkbar zu sein scheint. Doch sobald es sich um immaterielles Eigentum und um immaterielle Produktion handelt, wird die Sache einfacher. Und doch ist beides die gleiche Frage.

Diese Frage stellt das Internet mit Napster.

Es geht nicht nur ums Internet. Das Internet ist nur die Spitze des Eisbergs. Aber heutzutage findet die Produktion beinahe in ihrer Gesamtheit so statt, durch Netzwerke der Kooperation und des Tauschs. Die Produktion kann nicht gleichzeitig die Zirkulation des Wissens zur Grundlage haben und den freien Zugang zum Wissen begrenzen. Und wenn ich von Kooperation spreche, dann spreche ich eigentlich vom Leben. Heute sind Arbeit und Leben, Produktion und Reproduktion völlig ineinander gewoben. Oder anders gesagt: Der materielle Reichtum der Welt entsteht in Formen der Zusammenarbeit, der Kooperation, und das gilt nicht nur für die intellektuelle Arbeit. Kontakte, Beziehungen, Austausch und Wünsche sind produktiv geworden. Das Leben selbst ist Produktion. Im gleichen Maß tritt alles, was lebt, in den Produktionskreislauf ein. Geld- und Kommandoformen werden ebenso wie die Verteidigung des Eigentums in der Folge mehr und mehr parasitär. Vor dreißig Jahren konnte man diese Formen als Formen der Ausbeutung angreifen. Heute verlangt der Paradigmenwechsel in der Produktion ihre Abschaffung. Ein merkwürdiges Paradox: Der Kapitalismus hat eine neue Phase erreicht und nun ist es am Kapital, die Verheißungen zu erfüllen, die wir in den siebziger Jahren machten und an denen wir gescheitert sind. Aber ich rede vom Scheitern, doch das ist nicht richtig: die Metamorphose des Kapitals ist ja gerade das Ergebnis jener Kämpfe.

Und zugleich sind sie, um auf Napster zurückzukommen, gescheitert.

Sie sind jetzt gescheitert, aber warten Sie nur ab, was in den nächsten Jahren passieren wird.

Immer wieder wird der Versuch unternommen, die Eigentumsfrage ins Zentrum der Debatte zu rücken, ob-

wohl man spürt, dass die Bewegung in die andere Richtung geht.

Ja, aber ich bin mir nicht sicher, ob das lange funktionieren kann. Es gab einmal eine Zeit, da die Bibel, das Lesen der Bibel ausschließlich der Kirche vorbehalten war. Der freie Zugang zur Bibel galt der Macht als gefährlich. Heute stellt sich das Problem auf der Ebene des Wissens im Allgemeinen, und das heißt: auf der Ebene der Sprache. Die Sprache ist zur Grundlage alles Lebenden geworden, alles ist sprachlich und biopolitisch. Und der Macht gilt alles als gefährlich, was den Armen in die Hände kommt, also denen, die keinen anderen Reichtum besitzen als ihr Leben.

Ist das Politische nicht immer schon biopolitisch gewesen?

Ich glaube, dass man sich über das Konzept der Biopolitik im Klaren sein sollte. Biopolitik meint ganz wörtlich Geflecht von Macht und Leben. Die Tatsache, dass die Macht darauf zielt, sich in das Leben selbst einzuschreiben, das Leben einzusetzen und zu durchdringen, ist an sich nicht neu: Foucault nannte das »biopouvoir«, Biomacht, deren Geburt er im 18. Jahrhundert verortete. Aber gegen die Biomacht existiert Widerstand. Das Leben leistet Widerstand, und das bedeutet, dass es seine Potenz behauptet, seine schöpferische Kraft, seine Fähigkeit zur Erfindung, zur Produktion, zur Subjektwerdung. Das nennen wir »Biopolitik«, den Widerstand des Lebens gegen die Macht im Innern einer Macht, die das Leben einsetzt. So betrachtet steht die gesamte Philosophiegeschichte auf der Seite der Biomacht, von einigen Ausnahmen abgesehen.

E wie Eugenik ...

Die Philosophie ist fast immer eine Verherrlichung der Eugenik. Lediglich die Tradition des Materialismus entgeht dem. Ich habe in jüngster Zeit viel zum Problem des Ungeheuers gearbeitet und kann Ihnen versichern, dass man unter den Philosophen nicht viele Ungeheuer findet. Umgekehrt findet man beinahe konstant eugenische Vorstellungen bis hin zu den neuesten Apologeten der Macht.

Auf der konzeptuellen Ebene ist die Eugenik der Versuch, über das Lebendige zu verfügen, es zu bestimmen und zu formatieren.

Es völlig zu formatieren. So betrachtet wäre es richtig, den NS-Staat das Extrem dieser Entwicklung zu nennen.

Von Aristoteles zum Nationalsozialismus, ein Riesensprung!

Es geht nicht um die Behauptung, Aristoteles sei ein Nazi gewesen, und auch nicht darum, irgendwelche haarsträubenden Entwicklungslinien zu ziehen. Doch gibt es da etwas, das uns ins Auge springen muss. Lesen Sie Reiner Schürmann, einen ungewöhnlichen Dominikaner und hervorragenden Forscher, der zuletzt an der New York School for Social Research lehrte. Er schrieb ein außergewöhnliches Buch[14], in dem er die eigenartige Kontinuität eugenischer Vorstellungen in der abendländischen Metaphysik nachzeichnete. Die Biopolitik, wie wir sie verste-

---

14 Reiner Schürmann, Des hégémonies brisées, Mauvezin: Ed. TER, 1996

hen, ist genau das Gegenteil von Eugenik. Sie eröffnet die Möglichkeit, dass Formen sich entfalten. Meiner Meinung nach trägt letztlich die Unterscheidung zwischen Natur und Kultur nicht oder nicht mehr. Tatsächlich ist die ganze Natur bloß zweite, dritte, vierte Natur. Anders gesagt, hier findet immer schon eine Hybridisierung statt. Hier liegt unser Interesse, hier setzt unsere Intervention an. Die Macht hat dieses Terrain an sich gerissen. Ihre Dispositive der Kontrolle gründen darauf. Doch gegen die Biomacht richtet sich das Biobegehren. Einzig dieses lebendige Begehren, seinen Reichtum und seine Fähigkeiten können wir der Biomacht entgegenstellen. Die Macht muss versuchen, das lebendige Begehren einzuschränken, ihm Grenzen zu ziehen. Daraus entspringen zwei unterschiedliche Haltungen, die die Macht dem Leben gegenüber einnimmt. Zum einen funktioniert die Macht, indem sie das Leben organisiert, die Subjekte zueinander in Beziehung setzt, die Multitudes, die Singularitäten, mit all ihren Möglichkeiten, ihrem Erfindungsreichtum und Widerstand. Und zum anderen unterwirft die Macht all das ihrer Kontrolle. Das Problem der Philosophie, der Eugenik, besteht darin, das Prinzip des Kommandos und der hierarchischen Formen, denen Menschen unterworfen sind, als ontologisches Prinzip, also als ein Prinzip der Einrichtung des Seins, zu identifizieren.

Darin liegt die Gefahr.

Das ist nicht einfach eine Gefahr, sondern eine Perversion. Das Problem, das immer noch virulente Problem der philosophischen Eugenik entspringt einer bestimmten, über Jahrhunderte vorherrschenden Tradition des Denkens, der zufolge das Sein gleichbedeutend mit der

Beherrschung desselben ist – eine von Anfang an bizarre Vorstellung. Postkoloniale und feministische Untersuchungen haben uns diese Verzerrung vor Augen geführt. Tatsächlich waren die Menschen in den Kolonien mit einer Welt immer schon existierender imperialistischer eurozentrischer Werte konfrontiert, und in ähnlicher Weise Frauen mit dem Patriarchat. Gayatri Spivak, eine indische Philosophin, die in den USA lebt, nähert sich in ihren Arbeiten gezielt einer Synthese postkolonialer und feministischer Kritik. Es geht um eine Demystifikation der Eugenik. Ich finde diese Art Fragen sehr interessant, da sie in der Verbindung des Antikolonialismus und des Feminismus eine ontologische Perspektive eröffnen. In der Kritik der Eugenik arbeiten beide kritischen Linien, als bedeutende Theorien der Differenz, tatsächlich an der Konstruktion des Gemeinsamen.

Ebenso muss man die Eugenik als den unablässigen Versuch ansprechen, Techniken zur Formatierung aller Formen des Lebens und der Individuen zu entwickeln. Ist das ein Moment, vor dessen realen Auswirkungen man Angst haben muss?

Wenn Sie von der Eugenik an sich sprechen, dann weiß ich nicht. Doch nehmen Sie die Fragen der Hybridität, die davon wegführen: Ganz offensichtlich ist Hybridität etwas, das grundsätzlich als *politically correct* akzeptiert wurde. Hybridität heißt heute erst einmal, wenn ein Schwarzer und ein Weißer sich nebeneinander setzen können, oder wenn ein Weißer mit einer Schwarzen ein Kind haben kann, oder umgekehrt. Doch ist diese Haltung auf hohem Niveau etwas Neues. Vor nicht allzu langer Zeit habe ich darüber mit dem Architekten Rem

Koolhaas gesprochen, der mir erzählte, wie sein Seminar in Harvard durch Hybridität geprägt sei. Das heißt, dass die zehn oder fünfzehn Menschen, mit denen er zusammenarbeitet, nicht nur Kinder der herrschenden Klasse im globalen Maßstab sind, denn dort schicken die Herren der Welt, die republikanischen Eliten, die imperialen Eliten ihren Nachwuchs hin, nach Harvard und an die anderen großen Universitäten überall auf der Welt. Doch zugleich finden sich dort auch die Kinder der Armen, verschiedene Stipendien ermöglichen es. Das soll heißen, dass die Hybridität die Prinzipien des okzidentalen politischen Lebens, so wie sie zu Beginn der Moderne formuliert wurden, hinter sich lässt. Bis in die Gegenwart gilt, dass die Formen der Regierung – Monarchie, Aristokratie und Demokratie – und die Formen der Macht Einheit zur Grundlage haben. Die Vielgestaltigkeit, die Vielfalt und die Hybridität stehen ihnen entgegen. Für das neuzeitliche politische Denken konnte es ohne Einheitlichkeit, ohne die Beschränkung auf eine Einheit, keine Regierung geben. Hybridität hingegen heißt die Differenz und die Kombination der Menge.

Warum diese Angst vor der Menge?

Die Menge ist das *ensemble* der Singularitäten[15]. Es ging darum, sie zu beherrschen, sie in ein Volk zu verwandeln. Das Volk wurde immer als homogene und einheitliche Gestalt gedacht, das war so seit Platon und Aristoteles. Dennoch gab es einige Philosophen, etwa Machiavelli oder Spinoza, die versuchten, dieser *multitudo* ein Ge-

---

15 Toni Negri spielt hier auf die bekannte Formulierung – »das ensemble der gesellschaftlichen Verhältnisse« – aus Marx' 6. Feuerbachthese an.

81

sicht zu geben, eine Politik der Menge zu erfinden. Sie dachten über die Probleme nach, wie man gemeinsam zu Entscheidungen kommt.

Entscheidungen befördern leider oft die Beschränktheit; was zu einer Entscheidung führt, ist nicht Enthusiasmus, Emphase und Begeisterung, sondern gemeinsam ist vor allem das Mittelmaß. Was soll man da tun?

Die Entscheidung ist das Problem, das sich zuletzt stellt, und das schwierigste dazu. Bevor man darauf stößt, muss es einem gelingen, den Konstitutionsprozess der Menge zu verstehen, also den Prozess der Herausbildung eines Gemeinwesens.

Wie kann man das Gemeinsame verwirklichen und das Singulare achten?

Das ist tatsächlich eine grundlegende Frage. Ich zerbreche mir beispielsweise den Kopf darüber, welche Rolle der Krieg in diesem Zusammenhang spielt. Der Krieg steht paradigmatisch für die Frage, was eine Entscheidung ist. Die Problematik des Kriegs ist die der Entscheidung. Nun, im Empire, gibt es keinen Krieg mehr, der Krieg ist zu Ende. Es hat einen Hauch von Provokation, das so zu formulieren, aber ich bin tatsächlich überzeugt, dass die alte Form von Krieg, also Nationalstaat gegen Nationalstaat, das Leben opfern, um die Grenzen zu verteidigen, den Einzelnen opfern, um das Volk zu retten, dass dieser Krieg am Ende ist. Wenn man noch einmal die Arbeiten Foucaults über den Krieg liest, findet man eine bemerkenswerte Antizipation: Es handelt sich nicht einfach um eine Umkehrung des Paradigmas von Clausewitz, sondern es ging darum, es zu wenden wie einen

Handschuh. So findet man das Empire. Heute stellt sich uns die Aufgabe, den Krieg im imperialen Zusammenhang neu zu bestimmen. Wie wird heute Krieg geführt? Gegen wen wird heute Krieg geführt? Was wird heute verteidigt? Und was unterscheidet eine weltweite Polizeioperation, also die Administration, die Machtausübung im imperialen Raum, von dem, was Zeitungen gewöhnlich »Krieg« nennen? All das haben wir vor Augen.

Was haben wir genau vor Augen?

Die Tatsache, dass wir in einem Empire leben. Aber auch die Tatsache, dass die Menschen den Institutionen den Rücken kehren, dass sie sie verlassen. Sie trennen sich von der Macht, sie wollen nicht länger repräsentiert werden, die Macht ist ihnen egal. Der Menschenstaat, so nannte ihn Augustinus, vergeht und nicht der Gottesstaat. Das ist die Verweigerung gegenüber der Macht, der Norm, dem Maß. Freilich konstituiert sich ein neuer Adel im Übergang zum Empire; doch der ganze Rest, also die »Masse«, die Multitude, die frei durch die Welt und durch die Gesellschaft zieht, die sich hybridisiert, diese Menge entzieht sich. Nun, eines Tages wird die Menge vor dem Problem der Entscheidung stehen. Welche Entscheidung wird sie treffen angesichts der gewaltigen Gegenmacht, über die sie verfügt? Wie ist diese Entscheidung zu organisieren angesichts der gewaltigen Spannung, unter der sie zu treffen ist? Was bedeutet es, die Multitude zusammenzubringen und neue Lebensformen zu erfinden? Die ontologische Problematik hängt an diesen Fragen. Eines Tages ein Lehrstuhl für Ontologie, das wäre mein Traum!

All diese Themen werden wir übrigens im zweiten Band von *Empire* bearbeiten. Es geht um die Analyse der

Macht, ihrer neuen Organisationsformen und einer ganzen Reihe von bisher unbekannten Eigenschaften; und es geht gleichermaßen um die Bestimmung der verschiedenen Herrschaftsdispositive, die die Subjektivität, die Sprache und die Körper begrenzen. Außerdem wird sich ein wesentlicher Teil mit dem Krieg beschäftigen oder, anders gesagt, mit den Fragen, was den Klassenkrieg kennzeichnet und was den zwischen Nationen, wie sich diese Muster entwickeln und welcher Typus von Krieg dem Empire der Gegenwart entspricht ... Es geht letztlich darum zu ergründen, ob die Gegenmacht sich kraft des Krieges manifestieren kann.

Kann man da dasselbe Wort verwenden? Was bedeutet Gegenmacht als Krieg? Sagt, wer Krieg sagt, nicht notwendigerweise Hass? Gibt es eine »Zersetzung von Verhältnissen«, wie Spinoza sagen würde?

Vielleicht, vielleicht nicht. Der Krieg ist ein großer Entscheidungsapparat. Darin liegt auch die Gefahr. Die Frage ist doch, ist der Krieg ein Dispositiv, das zur Einheit zwingt – im Nationalismus, im Patriotismus – oder ist da etwas anderes möglich, sind Entscheidungen anderen Typs möglich. Ich weiß es nicht.

Ohne uns an den Worten zu berauschen: Der Krieg führt nichtsdestoweniger zur Auslöschung eines der beiden Protagonisten, oder man muss Krieg anders denken, etwa als pólemos *im Sinne Heraklits.*

Nein, es ist nicht Heraklits *pólemos.* Wir versuchen die Art und Weise zu verstehen, wie sich der Krieg in eine strukturierende und Ordnung schaffende Kraft verwandelt. Heraklits *pólemos* ist die Umkehrung aller Formen, während im Empire die kapitalistische Ordnung intakt bleibt. Der imperiale Krieg ist nicht *pólemos*, weil ein Ordnungsprinzip ihn treibt. Heidegger hat zwar etwas in der Art über Heraklits Konzept gesagt, aber man weiß, was seine Lektüre inspirierte. Heraklit ist kein verkleideter Parmenides, er steht am Ausgangspunkt eines ontologischen Krieges, ob physisch, wie bei den Atomisten, oder ethisch, wie bei den Epikuräern: es handelt sich in jedem Fall um einen Kampf. Im postmodernen Empire hingegen fügt sich der Krieg zur Disziplin und zur Kontrolle und wird zu einem neuen Werkzeug der Regierung im globalen Maßstab. Panik, Angst, das Gefühl der Unsicherheit, kurz: all diese Formen der Perversion von Lebensenergien hervorzubringen, ist eine der Aufgaben des Kriegs im Empire. Hinzuzufügen wären das Fernsehen und die Medien im Allgemeinen: Auch hier handelt es sich um Apparate, die das intellektuelle Urteil und die moralische Einstellung untergraben. Welche Form nimmt der Krieg aktuell also an? Er ist ein System der Produktion von Ordnung, das durch die Zerstörung der Gesellschaft und des Lebens funktioniert. Der Krieg ist *arché*, gleichzeitig das Prinzip der Bewegung und das der Ordnung, also das Gegenteil von dem, was Heraklit dachte, und auch das Gegenteil von dem, was irgendjemand mit gesundem Menschenverstand, geschnappt vom Krieg, sich vorstellen mag. Der Krieg ist die Überdetermination, die mit voller Wucht auf die Gesellschaft einschlägt. Und der Krieg ist zugleich ein sozialer Krieg. Auch hier kommt die Eugenik zum Einsatz: als negatives und zerstörerisches Dispositiv, das eine soziale und kulturelle Auflösung hervorbringt, gegen die Welt der immateriellen Arbeit, gegen Mobilität und Flexibilität. Die Eugenik triumphiert. Wenn der *pólemos* eines Tages wieder erwacht, müsste er durch diese schreckliche Welt durch, um den Aufstand zu organisieren. Ein *pólemos* gegen die Eugenik also; doch darf man ihn nicht mit dem Krieg gleichsetzen. Er ist im Gegenteil die Konstitution der Menge.

F

F wie Faschismus ...

Es gibt Leute, die behaupten, auch der Faschismus sei eine Form der Organisierung der Menge. Ich halte diese Vorstellung für falsch, denn wenn die Multitude faschistisch wird, so weil sie darauf beschränkt wird, Masse zu sein, einsam zu sein. Die Menge kann nur faschistisch werden, wenn man ihre Besonderheit zerstört, die Tatsache, dass sie ein Geflecht von Singularitäten ist, in dem eine Vielzahl irreduzibler Tätigkeiten zusammenwirken. Der Faschismus ist immer eine Negation dieser Potenz, eine Enteignung, außerhalb des gemeinsamen Seins. Jeder Faschist schürt den Hass auf das Andere, verherrlicht die Gewalt als Mittel gegen alle Widrigkeiten der Welt, verdammt die Unterschiede, bejubelt eine Ordnung der Vergangenheit ... Der Faschismus, jeder Faschismus, wendet sich als Zerstörung gegen die Bewegung des Lebens, gegen das Glück und die Vielfalt, die sie begründet. Der Faschismus ist traurig, die Herrschaft der Gewalt und der Gemeinheit. Die Faschisten reagieren mit Terror gegen das Auftreten der Differenz, sie verabscheuen jegliche Unreinheit, Erfahrungen jenseits der sogenannten normalen Sexualität treiben sie zur Raserei. Frustration, Scheinheiligkeit und Gewalt gehören zu den Grundlagen des Faschismus, doch das genügt noch nicht: das alles beherrschende Element ist immer aufs Neue der faschistische Kult der Identität.

Man könnte allerdings auch ein anderes Stichwort für den Buchstaben F vorschlagen: F wie *Foucault/Deleuze*. Dann könnten wir über etwas reden, das dem, was ich mit Faschismus assoziiere, diametral entgegensteht. Denn bei Foucault, bei Deleuze und bei ein paar anderen zeitgenössischen Intellektuellen findet man die Entdeckung und die Herausarbeitung eines anderen Erbes der Moderne: eines Erbes, das die Differenz, statt sie unter Identität und Wiederholung zu verbergen, als lebendige Verschiedenheit hervorhebt. Und selbst wenn dieser Ansatz überaus komplex ist, selbst wenn wir uns Illusionen über eine Koexistenz der Differenz machten, die sich mitunter als schwierig herausstellt, so wären diese Verschiedenheiten doch das magische Zeichen einer Epoche, die sie von jeglicher Art Todestrieb entfernt. Foucault und Deleuze haben, jeder auf seine Art, die Potenzen der Befreiung im 20. Jahrhundert rekonstruiert. Diese beseelten die Wünsche und beflügelten die Kräfte, die sich den Faschisten entgegenstellten, ihnen standhaft und entschlossen entgegentraten.

G

G wie Globalisierung ...

Tatsächlich kommen mir eine ganze Reihe G in den Sinn: Globalisierung und Globalisierungsgegner, Genua und Gerechter Krieg. Wir haben schon ein bisschen über die Globalisierung und den Krieg gesprochen, deshalb sollten wir erst mal auf *no global*, wie die globalisierungskritische Bewegung in Italien heißt, und auf Genua eingehen; auf die Globalisierung und den Krieg kommen wir dann auf alle Fälle zurück. Genua, das war eine Art Generalprobe, die zum Ziel hatte, einen Kampfzyklus zu blockieren und das Anwachsen einer Bewegung zu verhindern, die man Globalisierungsgegner nennt. Das Vorgehen der Polizei war beispiellos und extrem: Während der Polizeiaktion gab es einen Mord, ein junger Mann wurde kaltblütig durch einen Schuss getötet[16]. Das war in Wirklichkeit keine Polizeiaktion mehr, das war Krieg, genauer: das war ein Krieg niedriger Intensität, der mit einer Polizeiaktion höchster Intensität verschmolz. In Genua,

---

16 Im Verlauf einer Demonstration gegen den G8-Gipfel am 21. Juli 2001 in Genua wurde der Student Carlo Giuliani aus einem Polizeifahrzeug heraus erschossen.

bei der Verteidigung des G8-Gipfels durch alle Polizeien der Welt, erreichte der Faschismus der Institutionen einen Höhepunkt: ein impliziter, organischer, von den Institutionen, gerade weil es sich um Institutionen handelt, ununterscheidbar gewordener Faschismus. Man konnte in diesem Prozess alle Begründungen der Staatsräson auseinander treten sehen, bis ihre früheste Version zum Vorschein kam: die »Polizeiwissenschaft«. Es ging darum, einen Kampfzyklus zu blockieren, der im Entstehen war. Zum Glück tappten die Aktivistinnen und Aktivisten der Bewegung nicht in die Falle: Auf die Gewalt antworteten sie zunächst mit einem Rückzug, um sich einen Tag später wieder zu einem Demonstrationszug zusammenzufinden. Einer von Zweihunderttausend, einer von ihnen war ermordet worden. Zu der Demonstration kamen hunderttausend mehr als Tags zuvor. Was zunächst eine Protestkundgebung gegen die Politik der G8 war, verwandelte sich in eine Demonstration gegen den Krieg – und zwar genau in dem Augenblick, da die G8, in einer Art wahnhaften Vorwegnahme des 11. September, entschieden, dem Katalog der Maßnahmen zur Kontrolle der Bevölkerungen und Bewegungen, der ihnen bereits zur Verfügung stand, den Krieg hinzuzufügen. Eine Antizipation auf beiden Seiten also: auf der Seite der G8 wie auf der der Globalisierungskritiker. Wir warteten auf den Krieg und tatsächlich: der Krieg ist gekommen. Seither ist der Kriegszustand permanent, Friedensdemonstrationen gelten als Akte des Verrats, der Protest als Subversion ... Alles ist potenziell Terrorismus: Das ist die Lehre aus Genua.

Doch etwas muss ich ergänzen: Mit Genua wurde die Bewegung *no global* wirklich global. Das Schicksal einer Welt, von der Versammlung der G8 zum Krieg bestimmt, war von nun an nicht mehr nur in deren Hand. Aus den *no global* wurde im wahrsten Sinne des Wortes eine Multitude. Als solche wurden sie seitdem wahrgenommen, auf Gedeih und Verderb: mit einem Mal sind sie ein Subjekt der Befreiung und ein Objekt der Repression.

Man kommt nicht umhin, vom Krieg zu sprechen. Ich muss noch mal darauf hinweisen, dass Clausewitz' Vorstellung vom Krieg als Fortsetzung der Politik mit anderen Mitteln sich gegenwärtig auf den Kopf gestellt und von innen nach außen gewendet findet. Der Krieg ist zum Fundament des Empire geworden. Wie können wir dann gegen das Empire kämpfen? Und abgesehen vom »Nein zum Krieg«, was wird aus dem »Krieg dem Kriege«, der Parole, die die Befreiung im Herzen trägt? Die Bewegung der Globalisierungskritiker zeigt uns den Weg des Exodus, das heißt auch den Weg, auf dem die Multitudes die Macht einkreisen und die Globalisierung gegen den Krieg ausspielen, indem sie sich gegen und zwischen die kriegführenden Parteien stellen. Die globalisierungskritische Bewegung ist tatsächlich vollkommen global. Wird es der Menge gelingen, uns aus dem Krieg zu bringen?

H

H wie Heidegger ...

Ich erinnere mich an die Zeit, als ich Heidegger entdeckte und anfing, ihn zu lesen. Das war an der Universität, während der fünfziger Jahre. Ich hatte einen Professor, der ein Vertreter des christlichen Existenzialismus war, ein Anhänger Gabriel Marcels und des französischen Personalismus. Er kannte die deutschen Philosophen sehr gut, Jaspers, Heidegger, überhaupt das Denken der dreißiger und vierziger Jahre. Er sprach von ihnen als »atheistischen Existenzialisten«. An der Universität war der Ausgang noch offen, es wurde mit Leidenschaft gespielt, es ging um etwas. Es gab christliche Philosophen, Scholastiker, die Heidegger auch recht nahe standen. Wir hatten es nicht mit wirklichen Heideggerianern zu tun, sondern mit einem idealistischen kulturellen Milieu, verbunden mit der christlichen Schmerzenslehre. Alle Positionen, die man mehr oder weniger dem Spiritualismus zuordnen kann, auch die ganzen Russen, spielten für diese Art okzidentalen christlichen Denkens eine Rolle – es war ein Denken im Kalten Krieg, das selbst recht entfernt stehende Autoren, wie Dostojewski oder Kafka, integrierte. Tatsächlich war es eine einzige theoretische Konfusion. Und dann gab es die Katholiken durch und durch, die Thomisten, die sich über all das aufregten und die den Begriff des Seins in der großen Tradition der klassischen Griechen dachten und die sich der Aufgabe annahmen, an diesen Grundlagen weiter zu arbeiten. Und auch da konnte sich eine Beziehung zu Heidegger herstellen. Ihr Seinsbegriff war allerdings völlig anders. Denn bei Heidegger führt bekanntlich die philosophische Argumentation nicht zu Gott. In der klassischen Metaphysik, im Seinskonzept der Scholastiker hingegen kam man immer bei Gott an. Auf beiden Seiten aber gab es eine Kohärenz, ein Dispositiv, das dazu diente, in der Kirche oder vielmehr in der Kirchenlehre ein Mittel, die Ordnung aufrecht zu erhalten, zu sehen. Letztlich war dieses Sein (dessen Konzept Gott einschloss oder nicht) wesentlich ein Ordnungsbegriff mit festgefügten Eigenschaften. Die Unendlichkeit war nichts Offenes. Wenn man den Begriff des Seins so dachte, drängte sich Heidegger fast zwangläufig auf. Das einzig wirklich Neue an diesem Milieu waren die sprachphilosophischen Aspekte, die sich aus dem Bezug auf das romantische Erbe ergaben, verbunden mit den Konzepten der Angst und der Sorge.

Die Sorge um das Sein?

Genau, tatsächlich bildeten all diese Momente den moralischen Randbereich dieser Philosophie. Wir haben es hier mit einer Moralität oder Ethik zu tun, die der Schlüssel zum Verständnis des Seins wird, wie bei jeder Romantik. Bei Heidegger gibt es in den zwanziger und dreißiger Jahren diese grundlegende Intuition, wonach das Sein in moralischen Termini zu fassen ist. Es ist ganz offensichtlich, dass der – fürchterliche, überholte – Begriff der Zeit immer marginal bleibt. Heideggers Begriff der Zeit ist Folklore oder Karikatur.

Warum fürchterlich oder Karikatur?

Weil es diese unbewegliche, fixierte Sein gibt und dazu eine Zeit, die sich darum herum bewegt. Und die Haltungen und Verhaltensweisen eines Menschen, seine Position in dieser Bewegung, sind vollkommen nebensächlich. Die Position wird in der Zeit eingenommen, aber in einer Zeit, die nichts bedeutet und die andauernd das Nichts offenbart. Dieses Nichts ist hermetisch, schicksalhaft, man kann ihm nicht entgehen.

Würden Sie das Antihumanismus nennen?

Ja, vor allem, weil Begehren in extremer Art negiert wird, marginalisiert und neutralisiert. Man wird aus einer Zerstörung geboren. Das ist der Kern des Antihumanismus, gegen das Begehren gerichtet. Der Witz an der Sache ist, dass man eine solche Vorstellung schon bei den Katholiken findet: bei Pius XII., bei den katholischen Klerikalfaschisten hatte sie eine unglaubliche Resonanz.

Wissen Sie, das beschreibt einen recht merkwürdigen Kreis: Von Heidegger zur Phänomenologie, von der Phänomenologie zur Religion, von der Religion zurück zu Heidegger etc. Und wenn es kein Kreis ist, dann eine Spirale. Und selbst bei den Postheideggerianern, in den Versuchen, in der Beziehung von Sein, Zeit und Expressivität das Sein zu betonen – ich denke dabei an Alain Badiou oder an Jean-Luc Nancy –, kann man, glaube ich, eine starken Tendenz zum Mystischen finden.

*Das bringt uns zum späten Heidegger und zur struktura-
listischen Nachwelt.*

Heidegger war da nicht bestimmend. Doch ist es wahr:
Im Strukturalismus gab es eine Wiederaufnahme von
Heideggers Denken. Insofern der Strukturalismus keine
ontologische Grundlage besaß, gab es zumindest bei wenigen die Suche nach einer. Ich meine damit die großen
philosophischen Entwürfe, etwa die Arbeiten von Jacques Derrida oder von Giorgio Agamben. Beim Versuch,
sich dem Seins zu nähern, fand man sich in den Randbereichen wieder, und in diesen Randbereichen gab es eine
Art ontologisches Flüstern; man suchte und fand die
Möglichkeit einer Wendung, einer Umkehr: ob es sich
nun um das Konzept der *différance* oder um das der *nuda
vita* handelt ... Es gibt zwar beträchtliche Unterschiede;
doch ist bei Derrida und bei Agamben eine Spannung
und eine Haltung spürbar, die in gerader Linie aus dem
Denken Heideggers kommt.

Die ethischen Problematiken sind dabei immer rätsel-
hafter geworden, wie übrigens auch bei Emmanuel Levinas. Aber das ist ein bisschen kompliziert, diese ganze
Rückkehr des Denkens zum Problem der Wahl und ihrer
Auswirkungen. Das muss irgendwann noch einmal genauer erörtert werden.

*Hegen Sie ein allgemeines Misstrauen gegenüber dieser
Rückwendung, oder vielmehr: gegenüber der Stellung,
die die Ethik auf die eine oder andere Art einnimmt?*

Sobald man beginnt, die Erinnerungen in Gedächtnis zu
verwandeln, macht mich das argwöhnisch. Das Gedächtnis macht mir Angst, es ist niemals unschuldig. Das Gedächtnis ist immer schon konstruiert: am Ende wird man

von Schatten gejagt, oder noch schlimmer: von Gespenstern.

Tatsächlich findet im Verhältnis zum Gedächtnis eine ontologische Rekonstruktion statt. Damit meine ich, dass unser physisches und affektives Sein das wiederherstellt, was das Gedächtnis fälscht. Gegen das Gedächtnis steht also der Körper in seiner Irreduzibilität. Der Körper ist niemals randständig, niemals eine einfache Grenze – und selbst dort, wo er war, war er auf alle Fälle lebendig. Ich nenne diesen Grundsatz Ewigkeit: Es ist nämlich nicht das Gedächtnis, sondern der Körper, der dem Sein Dauer und Irreduzibilität verleiht.

Beim Buchstaben H ist auch an H wie Hybridität zu denken ...

Und es ist der gerade erwähnte Grundsatz, der Hybridität möglich macht. Es gibt tausend Arten, das Sein zu hybridisieren, vielfältige Möglichkeiten, denn die Atome, aus denen sich der Körper zusammensetzt, sind vielfältig. Ob sie sich untereinander kombinieren oder es mit den Atomen anderer Körper tun: eine Welt ist hier zu erfinden. So betrachtet ist das Prinzip des Seins eigentlich ein Hybridprinzip. Die Hybridität ist am evidentesten, wenn der Funke der Immanenz die Oberfläche zum Leuchten bringt: Das Weiße vermischt sich mit dem Schwarzen, Kultur und Natur können hybride werden, die Biotechnologien können Zellen, Geschlechter und Existenzen hybridisieren. Ich glaube, dass die Welt der Hybridität uns enthüllt, was wir sind, indem sie uns zeigt, was wir sein können, und uns damit unsere Vergangenheit im Lichte unserer Zukunft vor Augen führt. Hier finden wir gleichzeitig den Einsatz und das Risiko, den unser Vermögen birgt, uns in der Welt frei zu bewegen. Es ist festzustellen, dass die Debatten, die Leidenschaften und die Kämpfe sich heute auf diese ontologische und politische Möglichkeit konzentrieren. Das ist kein Zufall, denn das Werden des Seins muss in der einen oder anderen Weise ethisch bewertet werden: das Werden des Menschen wird durch den Menschen beurteilt. Es gibt jedoch reaktionäre Kräfte, die Hybridität in Bausch und Bogen ablehnen. Ohne Zweifel betrachten sie das Sein als *telos*, als ein Ziel an sich. Die Faschismen der Postmoderne hängen sich alle an die Vorstellung einer solchen Teleologie. Dagegen werden Sie einwenden, dass die Hybridbildung ein Einsatz der Macht sei und dass die Mehrzahl derer, die ihr skeptisch gegenüberstehen, dies tun, weil es nicht wirklich um Hybridität, sondern um Manipulation geht, hinter der nichts anderes steht als Forschungslabore, multinationale Konzerne oder andere Interessen und *pressure groups*. Ich bin mir dessen völlig bewusst, auch ich bin über bestimmte Aspekte der Biotechnologien besorgt. Es ist vollkommen klar, dass die Biomacht nicht die Absicht hat, die Hybridität der Multitude zu überlassen – doch genau aus diesem Grund müssen wir sie uns aneignen: als Terrain der Freiheit, gegen die Ausweitung der Versklavung, der Ausbeutung und der Kommodifizierung des Lebens. Ich sage deshalb, wir sind für die Hybridität, weil wir unseren eigenen Körper als hybride erfahren. So wie man in Frankreich sagen kann: »Wir sind alle Kinder der Einwanderer.« Das Aufeinandertreffen von Hybridität und Demokratie ist die große Aufgabe, die es zu lösen gilt – nur die absolute Demokratie ist in der Lage, die Vielzahl der Singularitäten zuzulassen und zu fördern, die das Gemeinsame ausmachen, ein Gemeinsames, das wiederum imstande ist, nicht nur die Menge zu organisieren,

sondern auch die Hybridität seinem Reichtum hinzuzufügen.

I

I wie Inconscient, das Unbewusste … Ihre Überlegungen zum Gedächtnis führen uns zum Unbewussten. Glauben Sie an das Unbewusste? Welche Erinnerung ist für Sie ein Schreckgespenst? Muss man die Erinnerung freilegen, sie durcharbeiten, Distanz zu ihr schaffen?

Vor allem beiseite legen! Ich weiß nicht, ich habe niemals über das Unbewusste nachgedacht. Oft habe ich provokativ behauptet, ich hätte gar keins, und das stimmt vielleicht auch. Jedenfalls muss man es freilegen, wenn es existiert, und das Problem ist ja, dass es, wenn man es freigelegt hat, nicht mehr da ist. Ein logisches Paradox. Im Grunde genommen ist vielleicht der Lacanismus[17] die einzige Form, vom Unbewussten zu reden.

Letztlich ist es wichtig, das Unbewusste nicht zu reifizieren, es nicht als ein leeres Gefäß zu beschreiben. Es ist abhängig von unserer Bildung, von unserer kulturellen, philosophischen und allgemein menschlichen Orientierung. Das Unbewusste ist immer durch die Sprache,

---

17 Der französische Psychoanalytiker Jacques Lacan (1901-1981) entwarf eine Theorie des Unbewussten, die psychoanalytische, linguistische und philosophische Fragestellungen integrierte.

durch die Leidenschaften geprägt, warum soll man ihm einen abgeteilten Bereich zuweisen? Man kann es nicht dirigieren, nicht beschränken, nicht bändigen. Es ist beständig in Bewegung und einzig dadurch zu definieren, dass es handelt und spricht. Folglich existiert es nicht oder es existiert überall. Jedenfalls finde ich keinen wirklichen Grund für das Unbewusste. Ich mag lieber einen Nicht-Ort, und Sie?

Sie haben sicher manchmal auch den Eindruck, dass Sie nicht ganz Sie selbst sind oder dass Ihnen so genannte Fehlleistungen unterlaufen, oder Sie haben Träume, die Ihnen deutlich machen, dass Ihre Wünsche in eine andere Richtung gehen als sie glaubten.

Aber dass wir etwas anderes wünschen als wir bekommen, ist Teil des Lebens!

Das ist etwas anderes, dafür braucht man nun wirkliche kein Unbewusstes.

Es geht vielmehr um eine innere Verschiebung. Um das klassische Beispiel anzuführen: Jemand wurde in seiner Kindheit im Stich gelassen, er wird danach in seinem Leben immer wieder im Stich gelassen werden. Er sagt: »Ich will alles, nur nicht im Stich gelassen werden, und jedes Mal lässt man mich im Stich.« Und er stellt durch eine Analyse oder durch das Gespräch mit einem Freund fest, dass er alles tut, damit es so kommt, »unbewussterweise«. Es geht ihm also darum, die ursprüngliche Situation zu wiederholen. Dieser eigentliche Wunsch aber ist ihm nicht bewusst.

Ich kann Ihnen darauf nichts antworten.

Aber Sie sehen, dass von Zeit zu Zeit etwas nicht zusammenpasst ...

Das geschieht andauernd. Wir sind ständig in Situationen, in denen wir das schon Bekannte permanent neu konstruieren und rekonstruieren, und zwar in unserem Verhältnis zu anderen und zur Welt. Das Problem mit dem Unbewussten besteht nicht darin, das zuzugestehen, also eine fast schon banale Wahrheit der posthumanistischen Erfahrung anzuerkennen, sondern das Problem beginnt, wo es um eine Substantialisierung geht. Auf alle möglichen Arten: Man versteht das Unbewusste organisch, oder rein linguistisch, einschließlich einiger Ablagerungen und selbst als vollkommene Leere. Im besten Fall ist das Unbewusste der Wunsch zu leben. Man kehrt zur Banalität zurück.

Gibt es einen Todestrieb?

Ich glaube, ja.

Das ist Freuds große Hypothese.

Freuds Hypothese ist eine theologische. Es gibt einen Todestrieb gegen das Begehren. Der Todestrieb ist einfach eine Grenze, weil dem Sein ein vollkommener Ausdruck niemals gelingt. Die Leidenschaft, das Begehren suchen sich auszudrücken, stoßen aber an Grenzen, die ihnen paradoxerweise eine Entwicklung erlauben, Grenzen, die kontinuierlich überschritten werden müssen. Es gibt keinen nach rückwärts gewandten Trieb. Es ist immer ein nach vorn treibender Prozess, auch wenn er an Grenzen stößt. Das Übel existiert nicht, das erkannte schon Augustinus. Das ontologische Übel des Seins existiert nicht.

Und doch gibt es den Wunsch nach der eigenen Zerstö-
rung, gibt es die ganze Zeit Zerstörung. Schauen Sie sich
den Prozess von Guy Georges an, dem serial killer[18]. Wie
soll man das begreifen, einen solchen Mordtrieb?

Mordtrieb, ja, aber kein Todestrieb. Im Gefängnis habe
ich drei oder vier Mehrfachmörder kennen gelernt. Der
Horror beginnt da, wo Mord zur einzigen Methode wird,
zu überleben oder weiterzuleben, ich weiß nicht.

Auch Innocence, die Unschuld, beginnt mit I ... Wenn
man Ihr Argument weitertreibt, könnte man behaupten,
dass es nur Unschuld gibt. Wenn es kein ontologisches
Übel gibt, wo bleibt die Schuld? Das ist schwer zu verste-
hen.

Offensichtlich. Man muss in diesen Horizont den Begriff
der Verantwortung einfügen. Es geht schlicht um eine
Verantwortung des Geistes, um eine Fähigkeit, die wir
aus unserem Zusammenleben ziehen. Meine persönliche
Verantwortung entsteht aus einem Prozess der Gemeinschaft – welch schreckliches Wort –, sagen wir lieber: aus
einer Dimension, in der wir zusammen sind. Mit Heidegger gesprochen, gibt es ein »Bauen-mit«, ein »Erschaffen-
mit«. In einer gemeinsamen Geschichte entwickeln wir
vor allem Lebensformen: Aus diesem Grund kann man
bestimmte Sachen tun und andere nicht. Das einzige Kri-

---

18 In den neunziger Jahren gab es im Pariser Osten eine Mordserie,
   insgesamt dreizehn Frauen wurden überfallen, gefoltert und ermordet. Die Presse nannte den Täter »Le tueur de l'Est parisien«
   oder »Die Bestie von der Bastille«. 1998 verhaftete die Polizei
   den damals 38jährigen Guy Georges. In einem aufsehenerregen-
   den Prozess wurde er Anfang 2001 überführt und zu lebenslan-
   ger Haft verurteilt.

terium ist die Entwicklung des Gemeinsamen, die Freiheit des Zusammen-Seins. Wir müssen das Schlechte nicht verherrlichen und brauchen ebenso wenig keine höhere Instanz, die uns das Gute garantiert, weder eine Religion, noch eine abstrakte Ethik, noch den Staat.

Das Gute setzt sich, leider, nicht von alleine durch.

Aber es gibt Instrumente, die wir entwickeln können. Das Problem ist doch nicht, nach Sicherheiten zu suchen, wir müssen die Erfahrung entwickeln. Dazu ist es nicht notwendig, nach Sicherheiten von außen zu suchen, außerhalb der menschlichen Geschichte, außerhalb der Möglichkeiten, die die Menschen haben, gemeinsam ein Gemeinwesen zu bilden.

Aber welche Instrumente meinen Sie?

Es gibt Regeln des Rechts, ökonomische Regeln, Erfahrungsregeln und Regeln des Zusammenlebens, die man etabliert hat. Es gibt all die Affekte und Leidenschaften mit ihrem Wechselspiel zwischen der unablässigen Erfindung des Seins und der Wiederholung bestimmter Verhaltensweisen. Man kommt immer wieder auf die Art und Weise zurück, wie man etwas gedacht hat, wie der Intellekt etwas gemeistert hat. Wir bringen Konzepte und Namen hervor, die zugleich Resultat eines gemeinsamen Werdens und einer permanenten Integration von Neuerfindungen und Neuerungen sind. Wenn man sich die Entwicklung von Kindern ansieht, kann man das gut beobachten. Überlegen Sie mal, wie Kinder lernen: Einerseits sind sie schreckliche Konformisten, doch auf der anderen Seite ist dieser Konformismus zugleich praktisch und konzeptuell, eine Offenheit im Konformismus. Sie umfasst ständige Erfindung, Entdeckung und Produktion. Genau so funktioniert das Gemeinsame.

I wie Invention, die Erfindung ...

Erfindung ist zweifellos der wichtigste Begriff, um das heideggerianische Denken hinter sich zu lassen. Denn der Todestrieb führte, mehr als ein bloßes Phantasma, zur Zerstörung Europas, zum Ende des alten Europa. Ich stimme an diesem Punkt den historischen Materialisten zu. Ich denke, dass es die Ideologie der herrschenden Klasse ist, die sich ihr eigenes Grab geschaufelt hat, den Nationalsozialismus hervorbrachte, den hasserfüllten Nationalismus, einen Todestrieb, der sich überall ausbreitete. Die ganze historische Epoche findet sich in den Erzählungen Thomas Manns, eine Bildung, die in Wahrheit eine Zerstörung ist. Man kann nur hoffen, dem zu entkommen. Auch Stefan Zweig hatte in dieser Hinsicht großen Scharfblick. *Die Welt von Gestern*, das Buch, an dem Zweig in den letzten Jahren seines brasilianischen Exils arbeitete, zieht eine schreckliche Bilanz, die allein genügen müsste, Nostalgie auszuschließen.

Warum gab es eine solche Entwicklung? War es eine kollektive Faszination?

Ich würde es auf die gleiche Weise erklären wie Georg Lukács, als eine »Zerstörung der Vernunft«. Oder noch genauer: als eine Zerstörung im Namen von *deren* Vernunft. Mit dem Beginn der Interpretation von Vernunft durch Klassen, die nicht die bürgerlichen waren, begann auch die Angst der Repräsentanten der Bourgeoisie, eine derartige Angst, dass sie versuchten, die Vernunft zu zerstören, um sie zu verteidigen. Die Arbeiterklasse, die Intellektuellen, die Armen, die Juden, die Verfolgten hatten die Fahne der Vernunft, der Aufklärung aufgenommen, und das war etwas Ungeheuerliches. Die Zerstörung Europas ist die Zerstörung der europäischen herrschenden Klasse. Der gesamte europäische Liberalismus nach der französischen Revolution, seit der Zeit Louis-Philippes, betrieb diese Zerstörung, um zu verhindern, dass »das Volk« das Wissen an sich reißt. Das Paradox der Geschichte ist, dass die Produktion schließlich immateriell wurde. Denn dieser Übergang von der materiellen zur immateriellen Produktion betrifft etwas Grundlegendes. Solange die Produktion materiell ist, kann die Bourgeoisie ihre Macht erhalten, weil die Bestimmung über die Produktionsmittel einfach ist. In dem Moment, da die Produktion immateriell wird – was wir den Übergang vom Fordismus zum Postfordismus nennen –, verändern sich zwei Dinge radikal: Auch das Hirn der Arbeitenden steckt jetzt in der Produktion, weil tatsächlich ihre Intelligenz – ihre Vorstellungskraft, ihre erfinderischen und schöpferischen Fähigkeiten – im Arbeitsprozess eingesetzt wird; zugleich, wenn das Mittel nicht mehr länger die Maschine, sondern das Hirn ist, wird die Bestimmung über die Produktionsmittel für das Kapital unmöglich. Man kommt so zu dem wunderbaren Paradox: Das Kapital hat gleichzeitig alles gewonnen und alles verloren. Heute sind die Leute zu Eigentümern der Formen, der Mittel und der Werkzeuge geworden, mit denen sie den gesellschaftlichen Reichtum produzieren. Sie brauchen niemanden mehr, der ihnen Werkzeuge zur Verfügung stellt. Der Lohn war lange Zeit Geld, das man einem gab, um die Werkzeuge eines anderen zu benutzen. Doch heute kann man sagen, dass die Lohnform selbst etwas ist, von dem man sich verabschieden muss.

Es gab eine Entrechtung, aus der das Proletariat sich durch Bildung befreit hat, Aber mit ihm sind auch seine Werte verschwunden.

Die neue Hierarchisierung des Lebens beruht auf Merkmalen ohne Stabilität. Im Konstitutionsprozess des Empire gibt es irgendwie geartete vertikale Mechanismen, es geht um Wertattribution ebenso wie um Reichtumsverteilung, aber das Ganze ist absolut instabil. Vor ein paar Jahren gab es diese Krise zwischen China und den USA, ausgelöst durch eine Geschichte mit einem Spionageflugzeug. Die Chinesen haben gewonnen, denn die USA entschuldigten sich schließlich. Die Alternative konnte kein Krieg sein, denn schließlich konnte man die Chinesen nicht von der Eingliederung in den Weltmarkt ausschließen. Für die Amerikaner war das schrecklich, aber es gab keine weiteren Zwangsmittel. Man musste die chinesischen Eliten in den Globalisierungsprozess einbinden, ins globale Herrschaftsspiel. Das lässt sich nicht vermeiden. Es sind auch nicht mehr die USA gegen China, sondern es sind die globalen kapitalistischen Eliten gegen einander und zugleich gegen alle. Diese Herausbildung einer neuen hierarchischen Ordnung ist im Gange, stabil ist sie nicht. Tatsächlich erleben wir die Installation eines neuen Rechts. Gewiss, globale Eliten treffen Entscheidungen, doch zieht man sie dafür nicht moralisch zur Verantwortung. Wenn Medikamente gegen HIV in Afrika teuer verkauft werden und dadurch eine unabsehbare Zahl Infizierter der Möglichkeit beraubt wird, den Verlauf der Krankheit zu verzögern und weiterzuleben, so begnügt man sich mit dem Hinweis auf die ökonomischen Sachzwänge, ohne dass jemand sich jemals verantwortlich fühlt.

Alles ist so schwammig, wie soll man da kämpfen? Dieses offensichtliche Verschwinden des Gegners ist heute ein großes Problem, auch für die Macht, vor allem aber für die, die sich ihr widersetzen wollen. Und dennoch gibt es immer die Möglichkeit, dem zu entgehen, sich für ein »Exil« zu entscheiden oder präziser: einen Exodus, der nicht notwendigerweise räumlich ist, denn tatsächlich wegzugehen ist nicht immer möglich. Es geht vor allem um Methoden, sich der Macht zu entziehen. Das ist die einzig praktikable und effektive Form des Widerstands. So wie die Dinge liegen, können wir uns den Luxus eines solchen Widerstands erlauben, die Afrikaner wahrscheinlich nicht ...

Afrika verlassen?

Nein, alles verlassen. Aber, um es noch mal zu sagen: Sich zu entziehen bleibt im Moment noch ein Privileg.

Es gibt immer einen Punkt, an dem keine Wahl bleibt. Das ist möglicherweise die wirkliche Unterwerfung. Und auch eine Frage des Überlebens. Haben Sie solche Erfahrungen gemacht?

Es gibt bestimmte Überlebenssituationen im eigentlichen Sinne: das heißt Erfahrungen eines Überlebens mit all den Erinnerungen daran, was man erlebt und verloren hat, in denen man dieses Überleben als leer und nutzlos empfindet. Aber es gibt auch Momente, in denen man sich als »starker« Überlebender fühlt, als Widerständiger, und hier taucht dann etwas sehr wichtiges Positives auf. Man kann zugleich überleben und Widerstand leisten, das ist die Erfahrung, die ich gemacht habe.

Während der ersten Jahre des Exils in Frankreich hatte

ich dieses Gefühl, dass alles zu Ende sei. Ich war ein trauriger Überlebender. Das war eine Situation des »nackten Lebens« – ich war völlig verlassen, ich wusste nicht mehr, wo ich war. Doch dann, ab einem bestimmten Moment, entdeckte ich die Möglichkeit des Widerstands wieder, zwar in weiter Ferne, aber doch real. Wie Galileo sagte: Die Welt dreht sich! *Eppur si muove!* Und sie bewegt sich doch ... Es gibt Widerstand. Hat man das einmal auf der Ebene der eigenen Lebensgeschichte erfahren, dann kommt man mitunter zu einer ontologischen Ebene von Widerstand, kommt man dazu, jenseits des Selbst die ganze Skala von Möglichkeiten der Neuerungen und des Lebens zu entdecken, der Wünsche, die sich verändern und die sich einer auf den anderen stützen, und die das Überleben und den kollektiven Widerstand färben. Es gibt Bewusstseins-, Lebens- und Wunschebenen, die sich überlagern. Das Überleben im engen Sinn beschränkt einen auf gewisse elementare Notwendigkeiten des Lebens, doch der Widerstand fügt dem eine weitere Dimension hinzu, die vor allem Ausdruck eines positiven und gemeinsamen Begehrens ist, eines gemeinsamen Projekts.

Wenn ich beispielsweise an Liebesbeziehungen denke oder an das, was uns mit unseren Kindern verbindet, wird das ganz klar: das einfache Überleben führt einen zu einem Minimum, man ist auf einen Zustand fixiert, der das bewahren soll, was es schon gibt. Der Einsatz gilt der Bewahrung, es geht darum, nichts zu verlieren, weil jeder Verlust bedeutet, das wenige, das man hat, in seiner Gesamtheit aufs Spiel zu setzen. Doch durch den Widerstand wird das Leben reicher, intensiver ... Man könnte das gleiche auch von der Sexualität sagen: Wenn es um das einfache Überleben geht, lässt man sich gehen und versucht, immer an der Grenze der Anspruchslosigkeit, sich zu erhalten. Gibt es hingegen den Widerstand in den Verhältnissen, dann sind sie die Erfindung neuer Lebensformen.

J

J wie »Jamais plus«, »Nie wieder« ... Wenn Sie die zwei Wörter hören, was kommt Ihnen da als erstes in den Sinn?

Nie wieder Krieg!

Ich war zwei Jahre alt, als mein Vater starb, das war 1936. Er war Mitglied der kommunistischen Partei. Die Faschisten hatten ihn gezwungen, Rizinusöl zu trinken, das hat beträchtliche Schäden angerichtet. Nachdem er sich buchstäblich entleert hatte, bekam er eine Blutvergiftung. Daran ist er gestorben. In meiner Familie waren alle Antifaschisten.

Dann starb auch noch mein Bruder, er war siebzehn, ich war damals zehn. Padua wurde zwölf Mal bombardiert, bevor wir uns entschlossen zu fliehen. Danach lebten wir als Flüchtlinge auf dem Land, aber auch da gab es Bombenangriffe, denn in der Nähe war eine Brücke, die die Alliierten Nacht für Nacht unter Beschuss nahmen und die Deutschen jeden Tag wieder aufbauten.

Das muss unglaublich schrecklich gewesen sein, Antifaschist zu sein und einen Bruder zu haben, der unter den Faschisten zum Militärdienst einberufen wurde.

Sie können sich den Wahnwitz und die Qualen jener Zeit kaum vorstellen. Mein Bruder starb 1943 an der Front, er hatte sich verpflichtet – kein Mensch weiß warum, er war jung, noch nicht mal volljährig –, seitdem habe ich eine Aversion gegen die Nation. Denn zu Hause war man Antifaschist, aber dennoch musste Italien verteidigt werden: das war noch nicht einmal ein Widerspruch. Deshalb ist das Zweite, bei dem ich »Nie wieder« sagen würde: Nation, Vaterland, das ganze Talmi.

1944 tauchte bei uns einer auf, der der Ehemann meiner Schwester werden sollte. Ein kommunistischer Partisan, der in den Bergen lebte, ein Deutsch-Italiener aus Trient. Er war es, der mich erzogen hat, eine Art sehr junger Ersatzvater. Seine Familie kam aus den Dolomiten. Dort hatten sich die ersten Partisanenverbände formiert, nach dem 8. September 1943, als die italienische Armee nach der Flucht des Königs aufgelöst wurde[19]. Der Faschismus war im Juli 1942 gefallen, Italien war von den Deutschen besetzt, aber die Alliierten hatten im Süden mit der Invasion begonnen. Die Antifaschisten sammelten ihre Kräfte in den Bergen, um die deutschen Besatzungstruppen anzugreifen, die den Norden der Halbinsel kontrollierten.

Der Bruder meines Schwagers war ein Luftwaffenoffizier, ein Faschist, und die Antifaschisten wollten ihn hin-

---

19 Am 8. September 1943 trat der Waffenstillstand in Kraft, den die italienische Regierung unter Pietro Badoglio mit den Alliierten ausgehandelt hatte. Die italienischen Truppen in Südfrankreich, Italien und auf dem Balkan wurden daraufhin von der deutschen Wehrmacht entwaffnet und gefangen genommen. König Vittorio Emanuele III. floh nach Bari, wo er das so genannte *Regno del Sud* gründete, während der von deutschen Truppen befreite Mussolini in Norditalien die Republik von Salò errichtete.

richten. Also ist mein Schwager, der damals bloß ein junger Medizinstudent war, in die Berge gegangen, als Verteidiger seines Bruders. Die Partisanen sagten ihm: »Wenn du willst, dass dein Bruder am Leben bleibt, dann bleib bei uns.« Sie haben ihn als Geisel genommen, weil er Mediziner war und die ihnen fehlten. So ist er also Kommunist geworden. Dort oben bei den Partisanen hat er ganz hervorragende Leute getroffen; später habe auch ich sie kennen gelernt. Eine Erfahrung, die einen das ganze Leben prägt.

Und der Bruder?

Sein Bruder war ein Dummkopf, einfach ein junger Kerl, dem es genügte, bei der Luftwaffe zu sein; ein Typ, der den Mythos vom »Fliegerhelden« zu verkörpern glaubte. Sein Flugzeug war schon in Libyen abgeschossen worden, und man hatte ihm einen Orden verliehen. Mein Schwager ist schließlich zu uns geflohen. Er blieb den ganzen Winter 1944 auf 1945, weil seine Partisanenbrigade in den Bergen ausgelöscht worden war. Schließlich ist er wieder gegangen, weil man wusste, dass er ein Partisan war und gesucht wurde. Er musste sich daher erneut verstecken. Der junge Schwager – er war fünfundzwanzig, ich war elf – war einer der beiden ersten, die mir den Kommunismus nahe brachten. Der andere war mein Großvater väterlicherseits, ein wunderbarer Mensch, der mir ebenfalls viel bedeutete. Er war Landarbeiter, verließ Ende der 1890er Jahre das Land und die Armut und zog in die Stadt, nach Bologna. Dort hat er bei der alten Pferdetram gearbeitet. Er wurde Sozialist und als Genosse einer Arbeiterkooperative leitendes Mitglied der Gewerkschaft. Noch heute habe ich das Recht, wenn ich in

Bologna bin, in einem der Häuser der Arbeiterkooperative, eine der ersten Kooperativen von Zimmerleuten, zu wohnen, eine Art Erbrecht, das an die Bedingung geknüpft ist, die Beiträge weiter zu zahlen. Mein Großvater wurde schließlich bei einer der Bologneser Banken Nachtwächter. Ich habe ihn im Sommer oft besucht. Er verbrachte seine Zeit mit mir und erzählte mir von der Geschichte der Kämpfe. Ich bin mit seinen Erinnerungen groß geworden. Dennoch, ich glaube, dass ich niemals ins Schwärmen geriet und mich auch nie durch diese Familiengeschichte in eine Richtung gedrängt fühlte, weder positiv noch negativ. Das ist einfach ein Teil meines Lebens.

Aber trotzdem ist es eine Art Konditionierung, als Kind etwas von diesem Gedächtnis mitzubekommen ...

Für meinen Großvater war die Bildung ein Weg, gegen alle Traditionen zu kämpfen, denn Tradition stand für eine Tradition der Sklaverei, des Arbeitszwangs und des Elends. Man kann sich nicht vorstellen, was es heißt, jeden Morgen um fünf Uhr aufzustehen und dann den ganzen Tag zentnerschwere Lasten auf den Schultern zu tragen. Mein Großvater verachtete die Arbeit, denn Arbeit wahr für ihn direkt mit der Erfahrung physischer und moralischer Ausbeutung verknüpft. Das ist ziemlich weit weg von der Ausbeutung, wie Sartre sie verstand. Ich glaube, meine ganze Familie wurde durch diese Verhältnisse damals geprägt, auch wenn wir unterschiedliche Wege gingen. Mein Schwager, der alte Partisan, wurde Radiologe, aber er lebt nur für die Berge, das ist seine Art, sich selbst treu zu bleiben. Meine Schwester ist Neuropsychologin, sie erforscht die organische Ordnung der Hirnfunktionen, sie ist eine ausgezeichnete Biologin und anerkannte Akademikerin. Die beiden Lieben haben mich häufig unterstützt. Sie waren immer Kommunisten, aber sie haben der Partei niemals verziehen, dass sie mich inhaftieren ließ. Sie lieben meine Kinder und haben sich um sie gekümmert, als ich im Gefängnis war. Und sie halten unerschütterlich zusammen.

Das Gedächtnis ist aber doch notwendigerweise Teil der Tradition?

Wovon wird das Gedächtnis beherrscht? Angesichts der Bedeutung, die das Gedächtnis hat, muss man unvernünftig sein und sich gegen die Vernunft, den ewigen Cartesianismus, auf den Standpunkt Galileos stellen: das Schönste ist es, »gegen« etwas zu denken, »neu« zu denken. Oft verhindert das Gedächtnis die Revolte, die Verweigerung, die Erfindung.

Wenn Kinder ohne die Erfahrungen aufwachsen, die von einem mündlich tradierten kollektiven Gedächtnis transportiert werden – das sich in den Körper einschreibt, körperlich wird, wie Sie es von Ihrem Großvater beschrieben haben, der Ihnen von der Erfahrung der Kämpfe erzählte –, bei solchen Kindern also kann man unter anderem beobachten, wie sie zu amerikanisierten Kleinbürgern mit einem himmelschreienden Konformismus werden. Was gibt den Antrieb zur Revolte? Sind es vielleicht diese Erzählungen, die nicht einfach nur Gedächtnis sind, sondern die Weitergabe dessen, was Sie das »Gemeinsame« nennen?

Vielleicht ... Aber ich habe auch Leute gesehen, die voll solcher Kampferfahrungen und -erinnerungen waren und trotzdem richtige Dummköpfe. Beispielsweise waren in den sechziger und siebziger Jahren die Marxisten-Leninisten von einer Engstirnigkeit, dass man hätte heulen können, oder auch die Trotzkisten, die vielleicht ein bisschen sympathischer waren, aber auch sie waren beschränkt und eben nicht intelligent und offen. Die vom Gedächtnis hergestellte Kontinuität, diese Art, sich im Denken einer Tradition zuzuordnen, wird schnell dogmatisch. In der Philosophie ist es schwer, sich davon zu befreien. Aber natürlich auch in der Praxis.

Descartes hat es gemacht.

Ja, aber philosophisch verwendet man Instrumente, die leider recht komplex sind. Und auch wenn man die gleichen Instrumente jeder und jedem in die Hände geben könnte, ist noch nicht gesagt, dass das Ergebnis zufriedenstellend wäre. Ganz offensichtlich ist der gesunde Menschenverstand etwas, mit dem alle Welt einverstanden ist, aber die philosophische Kritik zeitigt nicht sofortige und unmittelbare Wirkungen. Es bedarf einer politischen Kritik der Tradition. Die Unterdrückung stützt sich auf die Tradition, die Kirche stützt sich auf die Tradition. Darüber muss man nachdenken, darauf muss man eine praktische Antwort finden.

War Ihr Großvater nicht vom Kommunismus in Russland fasziniert?

Der Mythos der russischen Kommunisten hat ihn sein Leben lang begleitet. Mein Vater war einer der Gründer der kommunistischen Partei, aber der alte Enea, mein Großvater, ist nie Mitglied geworden. Ich glaube, er hat die Partei immer gewählt, aber ist nie eingetreten.

Meine Großmutter nähte Hosen und Hemden selbst,

sie war in politischen Dingen sehr zurückhaltend, sie dachte vor allem an die Familie. Sie konnte eine Créme caramel machen, wie ich sie später nie mehr gegessen habe. Und wissen Sie, was das Merkwürdige daran ist? Ich hatte nie eine besondere Leidenschaft für Süßes, ich mag lieber Herzhaftes, und fühle mich auch einigermaßen frei von Proustschen Anwandlungen. Aber die Créme caramel meiner Großmutter, die war süß und ist *mémoire involontaire* zugleich: Ich würde das nur zu gern anders sagen, aber so liegen nun mal die Dinge ... Die Créme caramel hat mir nie eine Wahl gelassen, sie ist vor allem anderen eine Gefühlserinnerung. So hätte es Proust gesagt, oder? Negri auf den Spuren von Proust, das ist ziemlich lächerlich, aber es geschieht mir recht!

Also ist Glück für Sie auch Créme caramel?

Ja, Sie haben ja keine Vorstellung, wie die war! Bei uns wurde das nicht Créme caramel genannt, sondern *fior di latte*. Als ich das erste Mal nach einem guten Diner eine Créme caramel serviert bekam, entdeckte ich, dass es außer der Einzigartigkeit meiner Großmutter noch etwas anderes gab.

J wie Joie, das Glück ...

Glück, das heißt etwas ausdrücken und Anklang finden, eine Handeln, das sich mit einem anderen zusammenfügt, ihm korrespondiert. Aber beim Begriff des Glücks darf man nie in Mystik verfallen, niemals. Mystik ist für mich der schlimmste Fehler, weil ihre Grundlage negativ ist; sie verspricht einen Ausweg und wirft einen doch wieder zurück. In der Mystik ist Glück das Verschwinden des Leids. Doch auch wenn Glück als das Gegenteil von Leid aufgefasst werden kann, muss man es wohl ablehnen, Glück durch einen Mangel, durch die Abwesenheit von etwas zu definieren. Glück ist etwas Positives. Glück ist das schöpferische Vermögen, der Überfluss, die Überschreitung. Tatsächlich findet sich hier die einzige Bestimmung Gottes wieder: Übermaß, Überschreitung und Glück sind die Formen, durch die man Gott definiert.

Können wir von Zeit zu Zeit am Glück teilhaben?

Das Problem ist nicht, am Glück teilzuhaben, sondern es zu schaffen. Man hat in dem Maß teil, in dem man gemeinsam etwas schafft. Das Glück ist direkt an dieses Gemeinsame gebunden, an sein Vermögen. Zugleich gibt es keinerlei Transzendenz darin.

Das Glück »ganz allein« gibt es nicht?

Kann es nicht geben. Ich denke, dass es nichts »ganz allein« gibt. Es gäbe keine Sprache, nicht einmal die minimalste sprachliche Möglichkeit, die einem erlauben würde zu sagen, dass man existiert. Die Tatsache der Existenz, insofern darin ein Akt des Erkennens der eigenen Existenz liegt, geht durch die Erkenntnis vermittels der eigenen Sprache und impliziert eine sprachliche Gemeinschaft. Eine sprachliche Gemeinschaft ist etwas äußerst Beständiges, vielleicht eine der beständigsten Formen von Gemeinschaft. Das sollte man ausgehend von Spinoza untersuchen. Für Spinoza gehen Sprache und Leidenschaften ineinander über. Ich denke, dass die große Linie in der Literatur und in der Philosophie, in der diese Idee produktiv wird, von Rabelais bis zu den poststrukturalistischen Linguisten der Gegenwart reicht. Sie führt uns schließlich zur Sprache des Körpers. Und es ist kein

Zufall, dass eines der Themen, die in diesem philosophischen Strang auftauchen, das Lachen ist. Das Lachen ist eine Mittelding zwischen Sprache und Ausdruck der Leidenschaft. Es weist, ganz offensichtlich, in Richtung Glück. Das Lachen eines Kindes ... Es gilt zu verstehen, inwieweit das Lachen eines Kindes bereits Sprechen ist.

Es gibt unter poststrukturalistischen Wissenschaftlerinnen und Wissenschaftlern eine ganze Reihe, die am Strukturalismus kritisieren, dass seinem Verständnis von Sprache der Körper gefehlt hat, und die vor allem die Frage des Rhythmus aufwerfen, des Rhythmus in seiner Mittelstellung. Rhythmus, Lachen: Es gibt ein paar Russen, die an diesem Thema arbeiten. Den Gedanken verfolge ich schon seit geraumer Zeit, vielleicht komme ich einmal darauf zurück.

K

K wie Kant ... Als ich Ihnen Kant vorschlug, sagten Sie:
»Oh nein, ich hasse Kant.« Stimmt das?

Nein, tatsächlich habe ich Kant viel gelesen. Was ich an
Kant am meisten mag, ist am wenigsten kantisch: die *Kritik der Urteilskraft*, also die Ästhetik, die Erörterung der
Funktion transzendentalen Handelns. Bewundernswert
ist daran, wie sich das kritische Moment im transzendentalen Schema der Vorstellung umkehrt. Bei Kant ist die
Idee von der Dauerhaftigkeit der Vorstellung, von der
Vorstellung als Konstruktion absolut modern. Und selbst
wenn Hume das bereits vor ihm dachte, bleibt Kant
wichtig, weil er die transzendentale Funktion isolierte,
während die Idealisten in der Folge ein Desaster anrichte-
ten. Die dritte Kritik Kants ist tatsächlich das Zusammen-
führen des Denkens der Aufklärung mit einer bestimmten Linie der englischen Philosophie.

Was scheint Ihnen an dieser Definition der Vorstellung
kreativ?

Die Tatsache, dass die Formen, die man auf die Wirklichkeit projiziert, um sie zu verstehen und sie zu organisie-

ren, zugleich die Möglichkeit bieten, etwas Neues zu schaffen. Das führt uns einmal mehr zur Sprache zurück, verweist auf das kreative Vermögen, das in der Sprache enthalten ist, auf den Moment ontologischer Gemeinschaft oder des ontologisch »Gemeinsamen«, den die Sprache eröffnet. In dieser Anordnung findet sich das, was ich *Kairòs* nenne, der außergewöhnliche Augenblick, da das Sein Zeit ist, die sich öffnet. In jedem Moment, da es sich öffnet, muss es erfunden werden und sich erfinden. Der Kairòs ist genau das: der Augenblick, in dem der Pfeil des Seins von der Sehne schnellt, der Moment der Öffnung, der Erfindung des Seins am Rande der Zeit. Wir erleben in jedem Moment diesen Randbereich des Seins im Werden.

K wie Kairòs ...

Der schöpferische Augenblick ist der, wo das Sein schöpferisch ist, aber die Unfähigkeit, die Öffnung anzunehmen, kann ihn blockieren. Was ich mit Hilfe der Idee des Kairòs zu beschreiben versuche, ist nicht der *élan vital* im Sinne von Henri Bergson. Es ist nicht ausreichend, ein zeitliches Kontinuum anzunehmen, um den schöpferischen Prozess des Seins zu beschreiben.

Anders gesagt, wenn wir stocken, stockt auch er.

Wenn man nicht mit dem Augenblick Schritt hält, kommt er zum Stillstand. Zeit ist etwas, das man ergründet, dem man sich beugt, vom dem man sich tragen lässt, aber sie ist keine blinde Potenz.

Dennoch existiert Zeit unabhängig von uns.

In dem Sinn, dass der Kairòs jeglichen Solipsismus aus-schließt. Es bedarf vieler anderer, die Teil dieses Moments sind. Wenn man darüber nachdenkt, so funktioniert un-sere gesamte Körperlichkeit in dieser Art und Weise. Nur der Tod kann die Beziehung zwischen dem Körper und dem Kairòs brechen. Vielleicht wird es eines Tage so kommen, dass man den Tod abschafft. Die Idee ist nicht neu, Descartes dachte bereits darüber nach.

Warum nicht? Das ist nicht undenkbar. Schließlich ist der Kairòs die Zukunft und die Sprache.

Der Kairòs ist eine Art, die Welt zu sehen, er ist ein Blick-winkel. Ein Blickwinkel, auch die Vergangenheit zu be-trachten. Die Vergangenheit lässt sich ausgehend vom Kairòs rekonstruieren, doch ist es nicht die Vergangen-heit, die den Kairòs konstruiert. In dem Maße aber, wie der Kairòs die Vergangenheit rekonstruiert, gibt es keine Möglichkeit mehr, eine »reine« Vergangenheit zu unter-stellen.

Doch hier ist Vorsicht geboten: Denn wenn man an-nimmt, dass es keine »reine« Vergangenheit gibt, läuft man Gefahr, eine Art uneingeschränkten Geschichtsrela-tivismus zu propagieren. Doch darum geht es tatsächlich überhaupt nicht. Wenn etwas gesagt ist, kann es nicht un-gesagt gemacht werden: Es wurde gesagt. Und wenn et-was getan ist, kann es nicht ungetan gemacht werden: Es wurde getan. Der Kairòs versichert uns dessen, und er gibt es weiter. Die Gastfreundschaft besteht nicht einfach nur darin, die Arme zu öffnen und dem Anderen »Komm!« zuzurufen, sondern dazu gehört es auch, den Arm des Anderen zu nehmen und zu sagen: »Lass uns ge-meinsam gehen.« Das heißt etwas weitergeben, daraus ein

Gemeinsames machen, das ist wundervoll. Wenn man die klassische Vorstellung von der Freundschaft nimmt, wie sie sich bei Spinoza findet, dann heißt Freundschaft, durch die Begegnung mannigfaltiger Kairòs zu immer komplexeren und solideren Ebenen des Seins zu gelangen. Jede Begegnung ist ein Entwurf und eine Fortentwicklung des Seins. In der jüdisch-christlichen Vorstellung hingegen ist die Wiederherstellung des Seins das Höchste, was man erwarten darf. Man muss sich deshalb mit dem Warten begnügen ...

Man kann nichts dazu tun ...

Doch nun gehen Handeln und Kairòs in die gleiche Richtung. Im Kairòs gibt es die Idee der lebendigen Arbeit. Die lebendige Arbeit ist das, was die Wirklichkeit der Welt konstituiert, ein Körper-Kairòs, der physische und psychische Energien generiert. Der Kairòs ist produktiv – er ist selbst Produktion, die das Leben in seiner Gesamtheit einsetzt: Bioproduktion, Bioarbeit. Das ist das Gegenteil der toten Arbeit, die selbst nur negativ existiert, als das, *was nicht ist.* Doch diese radikale Perspektive, die besagt, die tote Arbeit und das Übel existieren nicht, macht es dennoch notwendig, dagegen zu kämpfen. Vielleicht erscheint es ein wenig paradox, gegen etwas zu kämpfen, das nicht existiert, aber es ist die einzige Möglichkeit, das zu überwinden, was wir haben.

L

L wie die Lombardei ... Gibt es so etwas wie einen lombardischen Geist?

Die Lombardei ist eine Region in Norditalien, zwischen dem Piemont und Venetien. Man sagt »lombardisch«, man könnte ebenso von «venetisch» sprechen oder vom Geist der Poebene. Meine Mutter und ihre Familie wurden da geboren. Die Leute dort glaubten an den Boden. Es waren kleine Bauern, weder arm noch reich, die enorm schufteten, damit sie sich etwas besseres als trocken Brot leisten konnten. Das Olivenölbrot von dort muss man probiert haben ... Lombardisch klingt nach Boden, aber auch nach vielem anderen, was die ruhigen und offenen Menschen dort ersonnen haben. Die Lombarden haben das Geld erfunden, sie haben schon sehr früh mit dem Handel begonnen, am Ende des Mittelalters. Und das Mittelalter endete in Norditalien zwei Jahrhunderte früher als im Rest Europas. Handel, das war der Austausch von Waren im europäischen Maßstab entlang der Küsten und der Flussläufe: von Italien die Rhone entlang bis in die Provence, von der Provence nach Spanien und Katalonien, den Rhein entlang bis nach Holland, die Donau entlang. Das waren die drei großen Achsen der lombardischen Expansion. So betrachtet fühle ich mich zutiefst lombardisch. Ich fühle mich dieser Beweglichkeit verbunden, die etwas Bodenständiges nie ausschloss, denn die Leute kehrten immer wieder unter den lombardischen Himmel zurück. Auf ihren Reisen nahmen sie italienische Künstler mit. Und wenn sie in der Fremde interessante Menschen trafen und Begabungen kennen lernten, brachten sie sie mit zurück nach Italien. Es war ein großer Austausch des Handels und der Kultur. Das Land entlang des Po ist vollkommen eben, es ist schwarz und so fruchtbar, dass es zwei oder drei Ernten trägt. Man weiß nicht einmal mehr, seit wann es hier bereits Bewässerungssysteme gibt. Wahrscheinlich findet man die schon bei Vergil erwähnt.

Dennoch gab es eine Zeit, da die Region sehr arm war.

Nun, in der Mitte der Poebene, am Fuß der Alpen, zwischen Ferrara und Modena, zwischen Reggio Emilia und Parma, war das Elend nie wirklich schlimm, weil das Land so fruchtbar ist. Die Leute kamen einfach nach der Ernte und sammelten ein, was noch übrig war. Das reichte, um sechs Monate zu essen. Das ist Lebenskunst in einer der Gegenden Europas, in der man am besten isst. Dort hat man die Tagliatelle erfunden, die Tortellini und den Parmesan. Der Parmaschinken kommt von dort. Die Leute leben einen unglaublichen Hedonismus. Die Familie ist nichts weiter als ein ziemlich formeller Rahmen. Vielleicht haben Sie »1900« von Bernardo Bertolucci gesehen: Ein Film voller menschlicher Leidenschaften, in einer sehr schönen Sprache, und schließlich die Bilder vom Po selbst, ein unbezähmbarer Fluss, an dem die

Menschen immer gemeinsam gearbeitet haben, um ihn einzudämmen und seinen Hochwassern zu entgehen. Der Gemeinschaftsgeist dort ist sehr stark, mit all den Schwächen, die das unausweichlich mit sich bringt: Man ist zusammen aufgewachsen, man isst viel, trinkt viel und liebt viel. Es sind richtige Stämme. Das gab den Leuten die Fähigkeit, zusammenzuarbeiten und Beziehungen zu entwicklen, aus denen der Handel hervorgehen konnte. Nicht der moderne Handel, sondern Formen des Austauschs, wo man die anderen danach fragte, was sie brauchten, und wo man dementsprechend produzierte. So schuf man den Reichtum und verwaltete ihn. Zu Hause regierten die Frauen. Sie hatten nicht nur die Herrschaft im Haus, sondern auch das Recht zu einer gewissen sexuellen Freiheit, und es war ziemlich selten, dass es Verbrechen aus Leidenschaft gab. Heute hat sich das alles von Grund auf gewandelt. Die letzten Jahrzehnte des 20. Jahrhunderts zerstörten die Großzügigkeit und beförderten Heuchelei und Egoismus. Es ist merkwürdig, diese Veränderungen feststellen zu müssen. Die landläufigen Erklärung, als eine Verweigerung gegenüber einer brutalen Modernisierung, die die Dimension des »Lokalen« zum Verschwinden brachte und die Verwaltung bürokratisierte, erklärt nichts. Es gab eine föderalistische Revolte, die bisweilen separatistisch war, es gab die Bewegungen gegen Immigrantinnen und Immigranten, häufig offen rassistisch ... Ich versuche, die Ursachen dessen zu begreifen, was in der Lombardei und in Venetien vor sich geht. Ganz offensichtlich gibt es Anlässe für den Protest der Leute: Sie zahlen beispielsweise mehr Steuern als die Bürger anderswo in Italien, haben aber ein sehr niedriges Niveau öffentlicher Infrastruktur. Doch gab es offenbar eine Art Sprung in den Abgrund, einen Zusammenbruch ziviler Umgangsformen, was die Revolte radikalisierte und von einem nachvollziehbaren Ausgangspunkt zur Anwendung brutaler Gewalt führte.

Sie finden, die Leute haben sich verändert?

Ja, wegen des Neoliberalismus, wegen der Rechten. Seit mehr als hundert Jahren, seit der Gründung der italienischen sozialistischen Partei, war Mailand nicht mehr von Leuten regiert worden, die nicht zur Linken gehörten. Selbst während des Faschismus waren die Städte Mailand und Bologna sozialistisch. Die Stadtregierungen waren »Sozialfaschisten«, aber dennoch waren es Linke. Und ebenso waren es die Verwaltungen in den großen Städten Norditaliens. Wahl um Wahl gewannen die Sozialisten, die Kommunisten oder Bündnisse beider. Doch seit 1970 gab es eine große Veränderung, weil diese Parteien der Linken ihre einzige Möglichkeit zerstört haben, links zu bleiben, indem sie sich weigerten, die neuen Bewegungen und Kämpfe anzuerkennen. Sie weigerten sich, die sozialen und politischen Neuerungen aufzunehmen, und zogen es vor, sich abzukapseln und sich an sich selbst und an einer unflexiblen und denkunfähigen herrschenden Klasse zu orientieren. Es ist kein Zufall, dass zuerst Mailand und dann Bologna an die Rechte fielen. Früher nannte man Bologna »La Rossa«, die Rote. Sie können sich vorstellen, was das für ein Schock war!

Das also ist mein Gedächtnis und zugleich meine Sehnsucht: Die Süße des lombardischen Lebens und der kommunitäre Geist der Leute vom Po.

M

*M wie Multitude, die Menge ... Das ist ein Wort, das man
häufig aus Ihrem Munde hört.*

Wir sind ja im Verlauf dieses Gesprächs bereits darauf zu
sprechen gekommen, vor allem als es darum ging, den Begriff des *Empire* mit dem der *Multitude* zu verknüpfen.

Wenn wir über das Konzept der Menge allein sprechen
wollen, ist es vielleicht nützlich zu präzisieren, dass in
diesem Konzept drei Bedeutungen zusammenlaufen. Die
erste wäre philosophisch und eine positive Bestimmung:
Die Menge ist definiert als eine Vielheit, eine Vielheit von
Subjekten. Das ist eine Kampfansage an den Reduktionismus, an die Tendenz, alles auf eine Einheit zurückzuführen, diese permanente Versuchung, die seit der klassischen Metaphysik das Denken vergiftet. Die Menge ist
ganz im Gegenteil eine irreduzible Vielheit, eine unendliche Quantität von Potenzen, ein differenziertes Ganzes
in einer unbeschränkten Differenzierung. Wie kann man
denken, die politischen Subjekte in ihrer Gesamtheit ließen sich auf ein einziges Prinzip reduzieren? Das ist absurd. Die Menge der Singularitäten kann nicht in der Idee
des Volkes aufgehen. Das Volk stellte in der Moderne eine

hypostasierte Reduktion der Menge dar. Die Souveränität hat ihre Grundlage im Volk anerkannt und ihr Bild dem Volk übergestülpt. Das Trugbild der politischen Repräsentation beruht auf der Relation der beiden Konzepte Souveränität und Volk. Aber wo ist das souveräne Volk geblieben? Es ist in den Nebeln des Empire verschwunden, sein Gefüge ist in der Korruption der Repräsentation aufgelöst. Davon übrig bleibt nichts – nur die Menge.

Zum zweiten ist Menge ein Klassenkonzept: es bezeichnet die Klasse der produktiven Singularitäten, die Klasse der »Operateure« der immateriellen Arbeit. Eine Klasse, die nicht homogen ist, sondern die Gesamtheit der schöpferischen Potenzen der Arbeit umfasst. Menge ist der Name für einen ökonomischen Faktor, der noch den Wendungen einer Macht unterworfen ist, die nur allzu gern die Veränderungen der Arbeitskraft ignorieren möchte. Nur der Krieg erlaubt es heute dem Kapital, den Horizont der Produktivität selbst zu bestimmen ... Auch ohne Klasse zu sein, ist diese Arbeitskraft eine mächtige produktive Potenz. Der Klassenkampf der Arbeiterklasse existiert nicht länger, aber die Menge steht als Subjekt für die Klassenkämpfe bereit: sie wird diese Position einnehmen, übersteigt ihre Produktivität doch die aller bisherigen Klassen.

Und der dritte Aspekt: Die Menge ist eine ontologische Potenz. Das bedeutet, dass die Menge ein Dispositiv verkörpert, das darauf zielt, die Wünsche zu repräsentieren und die Welt zu verändern. Besser: Die Menge will die Welt nach ihrem Bild und ihren Vorstellungen neu erbauen, um einen offenen Horizont zu schaffen, der es den Subjektivitäten ermöglicht, sich auszudrücken und ein Gemeinwesen freier Menschen zu konstituieren.

M wie Materie ...

Mir liegt eine Art Gegenfrage auf der Zunge: Was denkt die Materie über mich? Allzu häufig werden das Denken und die Materie gegenübergestellt oder Denken und Leben. Aber Denken ist nichts, das vom Rest des Lebens isoliert wäre, genauso wenig wie die Materie.

Gibt es eine »Materie« des Denkens?

Ja, die Materie der Materie.

Was ist die Materie? Ich weiß es nicht. Ist sie das Sein? Das erscheint mir mysteriös.

Die Idealisten und alle, die an Gott glauben, haben eine recht klare Vorstellung davon, was die Materie ist: Materie ist das Gott entgegengesetzte Prinzip, das Gegenteil des Wahren, des Guten und Schönen. Bei Plotin ist die Materie das Nichts. Das Universum wird dadurch etwas Bizarres, weil die Idee, um zu existieren, sich ständig mit der Materie vermischen und das Sein sich mit dem Nichts einlassen muss. Wenn wir die Konsistenz der Materie leugnen, oder die Tatsache, dass sie ist, was sie ist, stolpern wir in eine der sophistischsten Formen philosophischer Dummheit. Das Mysteriöse taucht nur auf, wenn das Sein als etwas von der Materie Unterschiedenes definiert wird, als etwas, das sich nicht zurückführen lässt auf die Gesamtheit der Bestimmungen und Bedingungen der Materie.

Die Materie ist frei, die Atome regnen durch das Universum und konstituieren es derart. Nur ein *Clinamen*[20]

20 Im Materialismus Lukrez' bezeichnet das *Clinamen* eine Abweichung der Atome von ihren geraden Falllinien im All, wodurch die kosmogonischen Prozesse eintreten. Den Menschen befähigt das *Clinamen*, die Kausalkette der seelischen Atombewegungen zu durchbrechen, also sein Verhalten selbst zu bestimmen.

kann da intervenieren, die Freiheit, die auf die Materie einwirkt und sie so hybridisiert. Wenn wir diese Wahrheit im klassischen Materialismus finden, so wird sie ergänzt durch die philosophische Potenz des Materialismus Spinozas: Die Materie präsentiert sich dort als ein Körper, der Körper präsentiert sich als ein Vermögen, das den Plan der Immanenz verfolgt, bis es behaupten kann, göttlich zu sein.

Alle Teleologien scheitern, weil sie die Materie ignorieren – und weil die Materie die Substanz der Affirmation menschlicher Freiheit ist. Die linearen und dialektischen Teleologien, die dem Werden Modelle und Maßnahmen vorzeichnen, sind konsequenterweise verschwunden. Der Materialismus ist die Affirmation des Lebens, ohne theoretische Mystifikation oder politische Autorität. Der Materialismus ist immer revolutionär, weil die Materie es ist.

M wie Monster ...

Das Monster, das Ungeheuer bricht mit der Theologie. Montaigne sagte, Gott verspüre kein Interesse an Ungeheuern. Selbst Montaigne, der, verglichen mit der zeitgenössischen Theologie, ein großer Neuerer war, hatte Angst, sich der Idee des Ungeheuers zu stellen. Angst wovor? Zu erkennen, dass hinter dem metaphysischen und ontologischen Denken nicht Maß und Ursprung stehen, sondern im Gegenteil die Freiheit, der Kairòs, der Körper mit seiner Fähigkeit, zu erfinden und sich zu erfinden. So ist die Welt, sie trägt ihre Ursache in sich. Das ist die Potenz.

Das motiviert die Angst, weil es allen Phantasmagorien freien Lauf lässt.

Ganz offensichtlich. Aktuell sind es vor allem Phantas-magorien rund um die Gentechnologie. Aber das Pro-blem selbst ist beileibe nicht neu. Es tritt auf, wenn das Leben in seinem Kern berührt ist, nehmen sie etwa den Bereich der Kerntechnologie. Gott sein, ist es nicht das, wovon der Mensch immer schon geträumt hat, seit er frei zu denken ist? In der Philosophie findet man selbst bei den Reaktionären, bei Platon, bei Thomas von Aquin oder bei Hegel, Momente, in denen sie eine solche Versu-chung verspüren. Man kann das immer wieder beobach-ten, weil es die Quelle des wirklichen Wissensdrangs ist.

Heute schließlich ist man bei etwas angekommen, das man bisher der literarischen Anthropologie überlassen hatte, zu dem man jetzt jedoch in der Lage ist: Es ist die Metamorphose. Der Kairòs kann die Materie und das Monster beherrschen. Die Materie selbst ließe sich als Kairòs entziffern, das Ungeheuer als die Möglichkeit der Veränderung der Gestalt, als Metamorphose. Doch wie in jeder offenen Situation stehen wir vor einer furchtbaren Ambiguität. Wer wird in dieser Situation entscheiden?

Eine Versammlung derer, die weise sind, sagt Machiavelli.

Machiavelli hat auch gesagt, dass die einzige Möglichkeit, eine Stadt aufzubauen und zu verteidigen, die ist, sie als eine Demokratie einzurichten. Machiavelli sah in der De-mokratie die Möglichkeit, einen Ausdruck zu finden ohne durch die Homogenität hindurch zu müssen; die Demokratie betrachtete er als ein expressives Phänomen.

Ich gelange immer mehr zu der Überzeugung, dass eine Metamorphose des Menschen ein radikal positiver Prozess ist, sofern es gelingt, daraus eine Angelegenheit demokratischer Entscheidungen über gemeinsame Fragen zu machen. Man braucht keine Expertenrunden, die eine metamorphe Entwicklung evaluieren und entscheiden: Nur die Menge kann entscheiden, und zwar genau in dem Moment, da sie sich zur Metamorphose entschließt. Diese Entscheidung ist eine der Körper, die sich auf das metamorphe Spiel einlassen, und zwar gemeinsam: sich darauf einzulassen heißt, vernünftig zu entscheiden, was aus dem Menschen werden soll.

Wer wird entscheiden, ob die Metamorphosen der menschlichen Gattung gut sind, ob sie Gestalten eines neuen Lebens hervorbringen oder ob sie im Gegenteil nur der Eugenik dienen?

Heute, beim gegenwärtigen Stand der Dinge, das heißt unter den Bedingungen des globalisierten Kapitalismus und eines Mangels an Demokratie, ist absehbar, dass die Experimente am Leben nichts anderes hervorbringen können als eine verallgemeinerte Zurichtung, sie zielen auf eine Art »Sklavenrasse« ...

Und auf menschliche Wesen, die geboren werden sollen, um Spenderorgane zu liefern ...

Man brauchte leider nicht auf die Klontechnik zu warten, damit manche Menschen nichts weiter sind als lebendige Ersatzteillager. Aber natürlich, die Vorstellung geht mehr oder weniger in diese Richtung ... Die Vorstellung der Genmanipulation macht Angst. Man ist hier an einem Punkt angelangt, wo es denkbar wird, dass die Geschichte der Menschheit zu Ende ist.

Die Menschen müssen sich die Verantwortung für all das wieder aneignen. Man sagt, dass dazu eine Revolution notwendig wäre. Das klingt nach einer völlig idiotischen alten Phrase, aber sie ist heute wieder fundamental. Aber wer ist dazu in der Lage? Die Entscheidung liegt bei uns.

Aber wer entscheidet? Und auf welcher Grundlage? Wie kann man Entscheidungen treffen, ohne eine Hierarchie zu reproduzieren? Sie sprechen von einer Reife des Denkens als objektivem Kriterium. Das ist doch Platons Philosophenherrschaft!

Nein, die Leute, die heute in diesen Prozess involviert sind, sind Leute wie Sie und ich, wie unsere Kinder.

Aber schauen Sie sich doch die Wissenschaftler an und die Ethikkommissionen. Die Wissenschaftler erliegen ihrer Forscherleidenschaft und machen immer weiter; die Entwicklung, dass das Leben von der Wissenschaft ausgebeutet wird, scheint unumkehrbar.

Die Ethikkommissionen sind ein interessantes Phänomen, aber von beschränkter Wirkung. Man müsste davon ausgehend zu einem Punkt kommen, an dem die Entscheidungen kollektiv getroffen werden und tatsächlich eingreifen. Man behauptet, dass Demokratie schwierig sei: Aber das Problem ist, dass der Ausdruck »Demokratie« zu einer idiotischen Phrase wurde, weil man ihn all seiner Kraft entleerte. Man spricht vom »Volk«: Aber was ist »das Volk«? Man sagt, es wäre notwendig, zum klassischen Modell der Polis zurückzukehren, aber das hat nichts zu tun mit der modernen Vorstellung von Demokratie. Das ist tatsächlich bitter, in dieser Konfusion kann man nicht weitermachen, man muss zumindest wirkliche Fragen stellen.

Wir leben heute in einer Zeit, wo die Frage des Lebens, die Frage der Macht und die der Politik zentral und unauflöslich miteinander verbunden sind. Und von diesem Punkt muss man ausgehen.

Ist das der Grund, warum sie die Gestalt des Monsters erneut ins Spiel bringen?

Ja, weil wir uns darüber verständigen müssen, welche Art Ungeheuer wir wollen. Der Angelus Novus ist so ein Ungeheuer. Aber bei Benjamin blickt dieser Engel zurück[21]. Das ist die kommunistische Revolution – der Blick zurück trifft die Zerstörung und die fürchterlichen Kämpfe in ihrer Gesamtheit. Der Angelus Novus war diese tragische Figur, ein Symbol jener, die im Wissen um ihre Unmöglichkeit an der Revolution festhielten. Heute ist der Angelus Novus das Werden der Politik des Ungeheuers, des Begehrens des Ungeheuers: die Hoffnung, sich das Leben endlich in all seiner Potenz, all seiner Kreativität aneignen zu können. Die Menge muss das Werden des Menschen demokratisch bestimmen.

---

21 Walter Benjamin, Über den Begriff der Geschichte (1940), These IX

N

N wie einen Namen geben ... Warum ist der Akt der Namensgebung so bedeutsam?

Einen Namen zu geben bezeichnet den Schöpfungsakt in der Bibel und gibt die Möglichkeitsbedingung der Epistemologie an. Was tut man, wenn man den Dingen einen Namen gibt? Benennen heißt, die gemeinsamen Momente der Dinge zusammenzustellen. Doch kommt man so schnell auf die Teile zurück. Sobald man sich jedoch darauf beschränkt, die Teile aufzuzählen, verliert man sich in einem endlosen Prozess, in dem man in Wahrheit nichts benennt. Man bestimmt nichts.

Eine andere Lösung bietet die Intuition: den Dingen Namen zu geben nach Maßgabe dessen, was man darin findet, was man darin erkennt. Doch ist es schwer zu glauben, dass alle in der gleichen Art Namen geben. Man steht also vor dem Problem der Anerkennung und der Zirkulation der Vorstellungen. Einen Namen geben muss folglich ein kollektiver und gemeinsamer Prozess sein. Hier sehen wir tatsächlich die Form, wie man einen solchen Prozess, der ein Entscheidungsprozess ist, denken kann. Dieser Prozess verbindet zwei Elemente: Das erste wäre ein Einverständnis, das zweite wäre, auf der Grundlage dieses Einverständnisses zu einer Entscheidung zu kommen. Die formale Bedingung, um diese beiden Elemente zu verbinden, ist ein Gemeinsames aller Beteiligten und dass es in diesem Gemeinsamen einen Moment der tatsächlichen Entscheidung gibt. Und eine dritte formale Bedingung tritt hinzu, nämlich dass die Zeit, die dieser Prozess erfordert, zur Verfügung steht. Damit stellt sich das Problem, wie man diese formalen Bedingungen wenden kann, wie kann man ihnen einen Körper geben. Wie kann aus der Menge die *Commune* werden?

N wie Negri ... Bisweilen hatte Ihr Name die Funktion eines Gattungsnamens?

Ich habe mal versucht, zwischen Toni Negri, dem Objekt, dem Gattungsnamen, und Antonio Negri, dem philosophischen Autor, eine Unterscheidung einzuführen. Aber das ist letztlich illusorisch. Von Anfang der sechziger Jahre bis zu meiner Verhaftung 1979 habe ich das so gemacht. Meine akademischen Arbeiten, die philosophischen Bücher, zeichnete ich Antonio Negri, die anderen, die politischen Texte schrieb ich als Toni Negri. Nach 1979 wurde es schwierig, diese Unterscheidung aufrecht zu erhalten, denn man hatte Toni Negri verhaftet. Jeden Abend um 20 Uhr begannen die Fernsehnachrichten mit einem Foto von mir: Große Nase, wirre Haare, das war das Gesicht, unter dem »Wanted!« prangt, das war der *cattivo maestro*, der Böse schlechthin. Das ging monatelang so. Im Fernsehen und in den Zeitungen fand sich immer ein kleiner Kasten mit meinem Bild. 1997, als ich zurück nach Italien kam, setzte ich alles daran, um zu verhindern, dass man sich wieder dieses schrecklichen Fotos bediente.

Das muss eine Belastung gewesen sein?

Man gewöhnt sich daran. Man steckt ein, wie ein Boxer. Schlimmer waren die Beschuldigungen: Versuchen Sie sich das vorzustellen, ich war angeklagt, siebzehn Menschen getötet zu haben, Unternehmer, Journalisten, Polizisten, ja selbst einen Staatsanwalt, mit dem ich zudem befreundet gewesen war, ein wunderbarer Mensch, der einige Stunden, bevor er ermordet wurde, zum Abendessen zu mir nach Hause gekommen war. Man warf mir vor, alle kaltblütig ermordet zu haben. Im Fall Aldo Moro wurde ich von Zeugen belastet. Man behauptete, meine Stimme sei die des Mannes, der telefonisch mit der Familie Aldo Moros verhandelte. Emeritierte Linguistikprofessoren – einer von ihnen ist kürzlich Bildungsminister geworden – erstellten Gutachten, die meine Stimme identifizierten. Kurz, ein Horror.

Was haben Sie unternommen? Haben Sie die Anklagepunkte widerlegt?

Es gab eine entscheidende Aussage, die von einem *pentito*, einem Kronzeugen, kam. Seine Kooperation mit der Justiz führte zur Verhaftung der Hälfte der Roten Brigaden, doch schließlich sagte er vor Gericht aus, dass ich ein Gegner der Roten Brigaden sei, denn schließlich hätten sie mich verurteilt. Es ist schwer, das einzugestehen, aber dieser *pentito* entlastete mich.

Ich hatte nicht gewusst, dass man Sie direkt des Mordes beschuldigte. Ich dachte, Sie seien der Anstiftung zum Mord angeklagt worden, aber nicht, dass sich eine Mordanklage namentlich gegen Sie richtete.

Im Gegenteil, das war absolut direkt. Ich war angeklagt, der militärische und ideologische Chef der Roten Brigaden zu sein, das »Gehirn«, der, den sie »*il grande vecchio*«, den großen Alten, nannten.

Gab es überhaupt so einen »großen Alten«?

Nein, außer in ihrer Phantasie. Aber von Zeit zu Zeit taucht so etwas auf. Kürzlich war wieder die Rede von einem, der die Aktionen dirigiert haben und in der Toskana leben soll, von dem kein Mensch jemals etwas gehört hatte. Das Problem ist, dass sie ein Gehirn, einen Chef brauchen. Sie können sich einfach nicht vorstellen, dass es den Brigadisten, die in ihrer Mehrzahl ja sehr jung waren, gelungen sein soll, das zu tun, was sie getan haben. Für sie kann es zwangsläufig nur so sein, dass die Brigaden gelenkt oder infiltriert waren, dass also jemand für sie dachte.

Das Denken von Anklägern ist immer paranoid.

Paranoid, aber effektiv. Es geht immer darum zu zeigen, dass es unmöglich ist, dies oder jenes zu tun. Die Macht der Apparate gründet sich auf die Gewohnheit und auf das Fehlen von Widerstand. Für sie ist es darum notwendig zu zeigen, dass spontaner Widerstand unmöglich ist. Das Fernsehen, Kriminalfilme, ein ganzes Genre von Literatur zeigen eine Staatsmacht am Werk, die so gar nicht existiert. Es ist vielmehr das Fehlen von Widerstand und die Passivität, worauf sich der Staat stützt.

Das bringt mich auf die Zapatisten und Subcomandante Marcos sowie auf die mit Blindheit geschlagenen Intellektuellen, auch in Mexiko, die deren Bedeutung unter-

schätzten, weil sie sie nur für Verteidiger indianischen Lebens hielten. Doch das Interessante an der dortigen Erfahrung sind die spontanen kollektiven, aber gleichwohl organisierten Formen von Gegenmacht. Das ist das verstörende daran. Weil sie nicht behaupten können, da gibt es den einen Anführer, die eine Ideologie, die eine Unterdrückung.

So wenig, wie es in Italien den einen Chef gegeben hat; auf alle Fälle hatte Toni Negri nichts damit zu tun. Das bringt mich zurück zum Namengeben: Wenn ich an mich denke, denke ich Toni. An der Universität war ich Antonio; da mich alle Welt Toni nennt, war das, als ob ich nicht den Mut hätte, auch dort Toni zu heißen. Ich weiß nicht warum. Vielleicht, weil ich zunächst dachte, es gibt verschiedene Ebenen des Schreibens, und die Differenzierung zwischen Antonio und Toni würde dem Rechnung tragen. 1979 war diese Art Subtilität zu Ende. Seither ist es tatsächlich so: Alle Welt nennt mich Toni. Außer vielleicht ein paar Mafiosi aus dem Süden, die ich im Gefängnis traf und die Antonio zu mir sagen. Für sie ist das, glaube ich, ein Zeichen ihres höflichen Respekts.

Letztlich kann man mich nennen, wie man will. Es gab auch einen Moment, da Toni Negri von mir getrennt wurde. Ich habe seinen Namen in der Zeitung gelesen und mir wollte es nie gelingen zu realisieren, dass da von mir die Rede war, obwohl die schrecklichen Dinge, die berichtet wurden, mich trafen. Zur gleichen Zeit haben meine Mutter, meine Kinder und meine Freunde mich immer Toni genannt. Vielleicht ist auch Antonio der Name, der mir am wenigsten nah ist, eine Art Pseudonym. Ich weiß es nicht.

Vielleicht gibt es keinen richtigen Namen?

Vielleicht muss man ihn suchen, ihn konstruieren. Vielleicht sind beide Namen die Spuren von etwas anderem. Aber das alles ist ein Spiel, mit der Zeit wird es ermüdend, denn schließlich ist man im Leben häufig jemand anderes.

Man ist eine Menge?

Die Menge sind unendlich viele Singularitäten. Also hoffe ich, da ich selbst keine Multitude bin, sie mit den anderen zu konstruieren. Oder aber umgekehrt: Weil ich selbst eine Multitude bin, kann ich die Gemeinsamkeit der Menge außerhalb meiner selbst finden.

N wie Neutrum ... Welchen Stellenwert messen Sie der Idee des Neutrum bei?

Das Neutralisieren ist immer negativ. Man kann die Welt als Bühne der Geschichte betrachten, auf der man handelt, durchzogen und gegliedert von Kräfteverhältnissen und Energien; will man sie zerstören, so stellt man fest, dass das in Wahrheit unmöglich ist. Höchstens kann man versuchen, die Kräfteverhältnisse zu neutralisieren. Das passiert gegenwärtig, in unserer Epoche grundlegender Veränderungen: ein Versuch, die neuen Energien zu neutralisieren, die neuen Formen des Lebens auszuschalten. Das ist das grundlegend Neue an der Strategie der Macht, einer kühnen Strategie. Es gibt verschiedene Arten der Neutralisierung: eine systemische, bei der man einer Kraft eine symmetrische genau entgegensetzt, so dass sie sich aufheben; eine vereinnahmende; eine abschreckende, die auf den Kern bestimmter Phänomene zielt, um sie zu paralysieren. Die Neutralisierung funktioniert im Wechselspiel zwischen einer systemischen Rationalität, die einen Kräftehorizont anerkennt, und einer antagonistischen Rationalität, die auf eine planmäßige Auslöschung zielt. Es geht, theoretisch gesprochen, um Maßnahmen und Ziele.

Die Kräfte, die heute für das Neue und für wirkliche Veränderungen stehen, verkörpern dessen ungeachtet eine enorme Potenz. Ihre Neutralisierung, ihre Ausschaltung bedarf daher, um wirksam zu sein, eines Mehr an Gewalt, einer terroristischen Überdeterminierung. Das ist der Augenblick, da der Krieg den Übergang von der Disziplinierung (der Individuen) zur Kontrolle (über die Bevölkerungen) vollendet. Die moderne Definition der Macht gehört der Vergangenheit an.

Selbst wenn die Neutralisierung sich verkleidet, so bleibt sie doch immer Gewalt.

Das ist tatsächlich das Problem. Wenn man daran denkt, dass im biopolitischen Kontext die wichtigste Rolle der Menge zufällt, wird die Frage der Neutralisierung wichtiger als die der Souveränität, und das nicht nur, weil erstere wirksamer wäre. Das heißt auch, dass die juridischen Instrumente, der Zugriff des Rechts auf das Leben, vor allem in der Form von Maßnahmen, zentrale Bedeutung erlangen. Die Jurisdiktion nimmt den Platz der Souveränität ein, und damit wird die Maßnahme wichtiger als die Norm. Tatsächlich ist das Ziel nicht länger die Auslöschung des Gegners, sondern seine Neutralisierung.

Was heute auf dem Spiel steht, ist dieser elementare Übergang: von der Disziplin zur Kontrolle. Deleuze wies darauf in seiner Lektüre der Machtanalytik Foucaults hin.

Es handelt sich nicht mehr darum zu disziplinieren, sondern zu führen.

Aber es passieren auch andere Dinge. Die aktuellen Formen der Neutralisierung kennen ebenso das Auslöschen, das Niederschlagen ...

Nicht das Auslöschen, jedenfalls nicht immer. Es gibt eine unbegrenzte Zahl von Möglichkeiten indirekter und unsichtbarer Neutralisierung. Die Konfliktverhältnisse, die Antagonismen führen nicht zum frontalen Aufeinandertreffen, sie sind komplexer. Vielleicht, weil es auch schwerer geworden ist, die Subjekte zu identifizieren, die sich gegenüberstehen: Es gibt nicht mehr die MACHT, großgeschrieben, sondern die Mächte oder vielmehr ein Beziehungsgeflecht der Macht. Es gibt nicht mehr das Subjekt des Widerstands, sondern eine Menge von Subjektivitäten ... Und wieder sind wir bei der Schwierigkeit, ihr einen Namen zu geben. Ich spreche weiterhin vom »neuen Proletariat«, solange ich noch keinen adäquaten Namen für die neuen Subjekte der Menge habe.

Benennen wird so zu einem revolutionären Akt.

Auch das Nicht-Benennen zeitigt Wirkungen. Das neue Subjekt ist ein »Ungeheuer«, ein hybrides, erfundenes Geschöpf. Das Fehlen eines Namens macht es zwar nicht leichter, aber kann sich als wirkungsvoll erweisen. Normalerweise bedeutet ein Name Identifizierbarkeit. Und die Identifizierung ist der erste Schritt zur Neutralisierung dieser kreativen innovativen kollektiven Potenz ohne Namen, die die Menge ist.

Ich glaube, dass das wirklich Neue sich in dem Doppelausdruck Erfindung/Neutralisierung findet. Das gilt es auszuarbeiten, und es gilt, die Neuerungen zu benennen ohne sie zu neutralisieren. Hier taucht noch einmal die Frage des Kairòs auf.

O

O wie Oppression, die Unterdrückung ...

Es scheint schwierig geworden zu sein, Unterdrückung auszumachen. In einer normalisierten Gesellschaft wie der unseren hat man allzu häufig davon geredet, überall hat man Unterdrückung wahrgenommen und so findet man sich gegenwärtig blockiert, Unterdrückung überhaupt definieren zu können. Ganz offensichtlich gibt es neue Formen der Unterdrückung, so beispielsweise die neuen Formen immaterieller Unterdrückung, die sich gegen die Arbeitenden in den Bereichen der neuen Technologien und der Dienstleistungen richten, oder jene, die sich aus der Flexibilisierung und der erzwungenen Mobilität auf dem Arbeitsmarkt ergeben. Die große Schwierigkeit ist, dass nicht mehr länger eine einheitliche und ganz spezifische Unterdrückung zu identifizieren ist, die im gleichen Zug einen ebenso einheitlichen Widerstand auf den Plan rufen würde. Vielleicht sollte man auch den Ausdruck »Unterdrückung« durch »Exklusion« oder durch »Elend«, durch »Leid« oder durch »Armut« ersetzen.

Es ist schwer, gegen einen unsichtbaren Feind zu kämpfen.

Aber genau darum geht es: gegen einen unsichtbaren Feind kämpfen, gegen einen nicht identifizierbaren Unterdrücker. Wenn die Unterdrücker als fremde Armee einmarschieren ...

... dann ist es einfach.

Auch dann ist es nicht einfach, aber nun ist es extrem kompliziert geworden. Dieselbe Armee wirft Bomben, Flugblätter, Medikamente und Lebensmittelpakete ab: Befreier oder Unterdrücker? Die Armee stützt sich auf das Recht zur humanitären Intervention: Befreier oder Unterdrücker? Nichtregierungsorganisationen (NGO) werden von der Armee mal behindert und mal eingesetzt: Befreier oder Unterdrücker?

Die Armeen erfüllen heute Polizeifunktionen. Das ist eine unglaubliche Perversion. Die weltweiten Polizeioperationen erheischen wiederum die Zustimmung der öffentlichen Meinung international. Das sind vollkommen andere Konflikte also die zwischen souveränen Staaten. Und Unterdrückung ... Man sagt ja, dass die NGO gegen die Unterdrückung kämpfen und dass sie derart von den Werten, die sie befördern, getragen sind, dass sie über jeden Zweifel erhaben sind. Mich erinnern einige NGO an Bettelorden im ausgehenden Mittelalter: Ich habe große Sympathie für die Dominikaner, die wirklich versuchten, den Leuten zu helfen, den Armen, den Kranken. Das hinderte sie nicht daran, sich im Besitz der Wahrheit zu wähnen. Mit diesem absoluten Glauben konnten sie die heiligen Kriege führen, die Kreuzzüge. Man kann nicht behaupte, die Franziskaner oder die Dominikaner wären schlechte Kerle gewesen. Sie wählten die Armut und lebten sie in bewundernswerter Weise. Und doch, auch da ging es darum, eine bestimmte Wahrheit zu bezeugen. Und in der gleichen Art gibt es manchmal gleichermaßen bizarre wie schreckliche Folgen der NGO-Aktionen zum Wohle der Menschheit. Die ganzen Friedensarmeen, Grundrechtseinsätze, humanitären Interventionen und Nichtinterventionen entbehren nicht einer gewissen Ironie: Man kann sich darüber lustig machen, aber letztlich geht es gar nicht um das Vergnügen, Nichtregierungsorganisationen abstrakt zu entmystifizieren, denn das alles ist unglaublich kompliziert. Ich bin weder Skeptiker noch Historist, ich glaube lediglich, dass man Unterdrückung neu definieren muss. Denn andererseits ist Unterdrückung der Alltag von Millionen Menschen, der ihnen das Leben, das Atmen schwer macht. Und die kleine Unterdrückung Tag für Tag ...

Geben Sie mir ein Beispiel.

Ich bin Asthmatiker. Die Probleme mit dem Atmen kenne ich nur zu gut. Lachen ist die beste Form des Widerstands!

Jedenfalls leben die Menschen in ihrer Mehrzahl unter ständigem Druck, ob der nun materiell, psychisch oder physisch ist. Und vielleicht ist es ja auch die Gesamtheit dieser Pressionen, die sich in uns in individueller Form materialisiert. Tatsächlich könnte jeder durch all die Arten von Druck definiert werden, denen er unterworfen ist und auf die er reagiert. Das große Problem ist deshalb, sich von alldem zu befreien, diese »gattungsspezifische Anonymität« der Unterdrückung zu verlassen und ihr ein Gesicht zu geben.

Gattungsspezifisch in welchem Sinne?

Die Unterdrückung ist so nebulös, dass man ihr keinen Namen geben kann, sie ist dermaßen grau und verschwommen, dass es schwierig wird, klar zu sehen und eine Antwort zu finden. Es gilt den Nebel aufzulösen, man muss neue Gegenstrategien entwickeln.

P

P wie Panik ... Unterdrückung und Panik gehören zu-sammen. Ruft eine ins Extrem gesteigerte Unterdrückung die Panik hervor?

Panik zersetzt die Menge. Und führt zu zwei möglichen und gleichermaßen katastrophalen Folgen: zum uneinge-schränkten Individualismus und zum Phänomen der For-mierung als Masse. Deshalb gilt es, die Panik, die heute überall ist – vor allem aber in der Finanzsphäre –, zu be-greifen und zu bekämpfen.

Die neuen Formen von Panik sind latent.

Es ist mehr ein Gefühl der Unsicherheit; also eher eine Abkehr vom Gott Pan. Panik ist die Angst davor, dass al-les, woran man geglaubt hat, wonach man sein Leben ausgerichtet hat, einstürzt, es ist die Angst vor der Leere und die Angst vor dem Neuen. Man könnte sagen, dass die Panik die totale Abwesenheit des Kairòs ist. Man be-findet sich am Rande eines Abgrunds ohne die Fähigkeit, eine Brücke über ihn zu schlagen, von ihm wegzugehen, sich abzukehren, etwas gegen den Abgrund zu tun. Es ist das Schwindelgefühl angesichts der Öffnung, der Schrecken angesichts der Kreation; die Panik führt dazu, die Möglichkeiten des Neuen mit der absoluten Leere zu verwechseln. Vielleicht ersetzt heute die Panik die Angst, die Hobbes beschrieb: Im *Leviathan* diktierte die Angst die Übereinkunft des Vertrags, auf dem der moderne Staat gründet.

In *Empire* haben wir versucht, diese Aspekte in ihrem Zusammenhang zu analysieren. In der Angst des Menschen vor dem Menschen gibt es noch eine gewisse Friedensperspektive. Bei Hobbes führt der Vertrag zum politischen Frieden. Unter den Bedingungen der Panik hingegen gibt es keine Friedensperspektive mehr, sondern lediglich den Wunsch nach einer Art Normalität, selbst wenn man, um sie zu erreichen, den Krieg braucht. Die Panik ist heute im Besonderen mit neuen Entwicklungen in der Finanzsphäre verknüpft; sie betreffen nicht mehr nur die Reichen, sondern ebenso die mittlere und kleine Bourgeoisie sowie in wachsendem Ausmaß auch das Arbeitermilieu, etwa wenn die Rentenkassen an der Börse aufs Spiel gesetzt werden. In den USA ist es bereits so, dass ein beträchtlicher Teil der Umsätze an der Börse mit Geld aus den Rentenkassen stattfindet. Die Panik ums Finanzielle ist auf diese Art direkt mit dem Leben der Leute verknüpft. Wenn in der Moderne die Angst den Vertrag motivierte, auf den sich der Staat gründete, so ist in der neuen, postmodernen und imperialen Situation, die wir heute vor Augen haben, die Panik die Grundlage der Sehnsucht nach der imperialen Autorität.

Alles soll beim Alten bleiben: In der Panik artikuliert sich der eindeutige Wille, jegliche Konfliktsituationen zu neutralisieren. Der Frieden selbst wird passiv, inaktiv, man unterwirft sich ihm. Vielleicht generiert die Panik sogar den Wunsch nach Unterdrückung, denn schließlich ist Unterdrückung recht praktisch. Sie erlaubt, Entscheidungen zu vermeiden. Es genügt, am Leben zu bleiben.

Zur Panik ums Finanzielle tritt die soziale Panik hinzu, ein allgemeines Gefühl der Unsicherheit. Man kann gut verstehen, wie die letztere sich mit der ersteren kombiniert. Doch gilt es, vor allem die soziale Panik der Armen, der *Elenden*, in den Blick zu bekommen. Hier ist es die Angst, die Miete nicht zahlen zu können, nicht genug Geld zu haben, um bis zum Monatsende auszukommen, die Furcht vor der Überschuldung, vor dem Abklemmen von Strom und Telefon, davor, sich nicht einmal mehr einen Kaffee leisten zu können ... Solche Formen von Exklusion erpressen die Leute. Im vergangenen Jahrzehnt wurde die Beschwörung der Unsicherheit, die offene Erpressung mit der Unsicherheit zur wichtigsten Waffe der politischen Rechten, bis sie schließlich auch den Diskurs der Linken beherrschte. Und man projizierte die Situation der Unsicherheit auf die Immigration, und beförderte so eine ebenso törichte wie gefährliche Entwicklung. Das Problem beschränkt sich nicht auf die Ebene politischer Parteien und Wahlen: Wir erleben gegenwärtig eine Art umfassenden *Rollback*, die Durchdringung der Biopolitik mit Gewalt, die Kastration der Wünsche. Das Gefühl der Unsicherheit und seine politische Instrumentalisierung sind nicht nur eine Waffe in Wahlkämpfen, sondern werden, insofern sie sich mit den Interessen der kapitalistischen Eliten verbinden, zu einer Art reaktionären Hybridität, die immer mehr Elend, die Zerstörung der Wünsche und die Vernutzung des Lebens einschließt. Margaret Thatcher war die Vorkämpferin in der erniedrigenden und fürchterlichen Geschichte dieser Zerstörung.

P wie Prière, das Gebet ... Haben Sie jemals Zuflucht im Gebet gesucht?

Nun berühren wir einen der wenigen Punkte in meinem Leben, wo tatsächlich so etwas wie ein Unbewusstes auftaucht, ein ganz absurdes Unbewusstes: In Momenten der Angst fange ich an, an meine Mutter oder an die Jungfrau Maria zu denken. Eine Art Aberglaube, den ich habe, seit ich klein war. Das Gebet und der Aberglaube wohnen nah beieinander. In Italien ist man sehr abergläubisch: Man verbringt viel Zeit damit, nach guten oder schlechten Vorzeichen zu suchen und sie dann gegeneinander abzuwägen. Bei meinen Kindern ist das noch ausgeprägter als bei mir: Meine älteste Tochter hat vor einigen Jahren einen sehr schönen Kurzfilm gemacht, der beim Festival in Locarno prämiert wurde. Es ist die Geschichte einer jungen Frau in einem großen Liegestuhl, sie spielt am Meer, und die junge Frau erwartet ihren Liebhaber. Er ist sehr weit rausgeschwommen, sie wartet und währenddessen sieht man alle möglichen schlechten Vorzeichen: schwarze Katzen, drei Nonnen etc. Die junge Frau betet, heult, fleht und schließlich geht ein großes Gewitter über sie und all die Unglückssymbole nieder. Am Ende kommt dann schließlich der erschöpfte Liebhaber zurück. Ein träumerischer und lustiger, aber auch sehr poetischer Film. Es ist ein Film über die Angst.

Das Gebet ist für Sie also mit extremen Situationen verbunden, es erlaubt, die Angst zu überwinden.

Ja, man merkt es, wenn man nachts aufwacht. Mir passierte das, als ich im Gefängnis darauf wartete, dass man mir den Freigängerstatus gewährte; ich hatte Angst davor, den Antrag abgelehnt zu bekommen. Tagsüber gelang es mir sehr gut, meine Angst zu überwinden, ich sagte mir, das wird schon gut enden. Aber nachts, gegen drei oder vier Uhr morgens, bin ich regelmäßig aufgewacht. Ich dachte dann an meine Mutter.

Und was sagte sie, ihre Mutter?

Nun, sie sagte nichts besonderes! Aber sie beruhigte mich.

Wie das eine Mutter tut.

Ja, darin war sie wunderbar. Sie war ja schon älter, als ich ins Gefängnis kam. Wir schrieben uns sehr lange Briefe. In diesen Briefen erzählte sie mir alles. Sie starb 1982. Zwischen 1979 und 1982 schrieb sie mir jede Woche, wir haben niemals aufgehört, miteinander zu kommunizieren.

Meine Mutter war eine außergewöhnliche Frau, sie wusste, wie wichtig Freiheit ist. Sie hat mir erlaubt, ganz allein ins Ausland zu fahren, per Anhalter, als ich fünfzehn war, also Ende der vierziger Jahre. Ich bin dann mit sehr wenig Geld nach England gefahren, ich ging damals noch aufs Gymnasium. Es reichte, ihr zu sagen, dass ich Englisch lernen und nicht mehr die Ferien bei meiner Schwester in den Bergen verbringen wollte. Sie ließ mich ziehen unter der Bedingung, dass ich ihr schreibe. Ich hab sie nicht angerufen, ich hatte im übrigen auch nicht das Geld zum Telefonieren.

Und Ihre Reise nach England hat geklappt?

Ja, ich habe es geschafft, ich bin per Anhalter hingekommen. Von da an habe ich das oft gemacht: Ich bin überall hin per Anhalter gefahren, durch ganz Nordeuropa, durch einen Teil Mitteleuropas, in den Maghreb und in den Mittleren Osten.

Wegzufahren war für Sie zugleich mit Vorstellungen von Freiheit und Entdeckung verbunden?

Heute hat die Lust zu reisen ein wenig nachgelassen. Ich war damals leidenschaftlich an Zivilisationen, an der Archäologie interessiert; ein bisschen weniger an der Natur, auch wenn ich einen Sinn für Landschaften habe.

Ich kann Leute nicht verstehen, die sich in Ferienclubs auf den Malediven einschließen. Heute bin ich ein bisschen fauler geworden, aber es gibt immer noch Gegenden der Erde, die ich nicht kenne, oder die derartige Umwälzungen durchgemacht haben, dass ich sie nicht mehr kenne: die ehemalige Sowjetunion, China oder Lateinamerika zum Beispiel.

Lateinamerika ist wirklich interessant.

Ohne Zweifel. Gestern Nachmittag hat mich der Rektor der Universität von Bogotá besucht und ich habe ihm eine Menge Fragen gestellt. Er berichtete, dass in den Anden alles in Bewegung ist, dabei steht viel auf dem Spiel.

Tatsächlich müssen wir anfangen zu verstehen, dass in dem durch das Empire determinierten glatten Raum die Möglichkeiten verschwunden sind, politische Ziele zu artikulieren, indem man sie an ein Schema der Entwicklung oder an den Staat bindet. Natürlich war das schon in der Vergangenheit gefährlich: Sehen Sie sich nur die Art und Weise an, wie eine solche Verknüpfung im Dienst des Kolonialismus oder des Imperialismus funktioniert.

Doch nun stellt sich der Bruch mit der Entwicklungsideologie und die Nivellierung der Bedingungen menschlichen Lebens unglücklicherweise in der schlimmsten Form dar: als neoliberales Kommando des globalisierten Kapitals. Aber in der Welt der uneingeschränkten Zirkulation von Waren und Information taucht die Singularität der Erfahrung des Gemeinsamen auf – als egalitäre und kommunitäre Erfahrung der Kooperation – und wendet sich gegen die Prinzipien der Hierarchie und gegen die Entwicklungsideologie. Sie zielt auf eine globale Ausbreitung. Es war kein Zufall, dass der Aufstand in Chiapas als ein Ereignis von zentraler Bedeutung in unseren Gesichtskreis kam und sowohl in unsere Wirklichkeit wie in unsere Imagination, in unsere Kommunikation wie in unsere Sprache Eingang fand.

Wir sind Gesprächspartner und müssen uns als solche begreifen. Das ist vielleicht wirklich mit dem Zweck eines Gebets zu vergleichen, wie ihn die politische Anthropologie beschreibt: Eine Anrufung findet auf der Ebene der Immanenz statt, auf einem Terrain von Singularitäten, und das ist genau die Situation, in der wir uns befinden. Dort würden wir gerne in Frieden leben.

Aber was versteht man heute unter Frieden?

Mir scheint, dass der Frieden in gewisser Weise immer mit dem Krieg verbunden ist. Aber in einer imperialen Welt wie der unseren, ohne ein mögliches »Außen«, lautet die Antwort vielleicht: Der Frieden und der Krieg haben die Rollen vertauscht. Der Krieg ist zu einem Ordnungsfaktor geworden, während der Frieden für Unordnung sorgt. In dieser Welt ohne Außen können Krieg und Frieden nicht mehr außerhalb des jeweils anderen existieren. Diese Hybridität von Krieg und Frieden gilt es zu analysieren.

In den Anfängen des modernen Staats, in der Epoche, da sich die Paradigmen der Souveränität und des Staats als Nation gebildet haben, erzählte Hobbes die Geschichte als den ununterbrochenen Versuch der Menschheit, aus dem Kriegszustand herauszutreten. Die Souveränität galt ihm als Garantin des Friedens. Was man unter »Frieden« zu verstehen hatte, war somit klar: die Möglichkeit des Überlebens, teuer bezahlt, da der Preis die Entfremdung, die Aufgabe der Freiheit war. Der Krieg war die negative Bedingung des Friedens, er war das Druckmittel, um die Wahl – die Entfremdung – zu erpressen. Der moderne Staat entstand, nachdem man den Krieg durch den Krieg überwand. Der Dreißigjährige Krieg war die Geburtsstunde der modernen Souveränität, insofern also des Friedens. Aber auf welche Art Frieden konnte man nach all diesen Leiden hoffen? Wie sollte man sich einen Frieden vorstellen, der auf dem Karren der Mutter Courage über die Schlachtfelder gezogen war? Wie konnte einer wie Simplicissimus, und Tausende wie er wurden während jenes Krieges geboren, sich das vorstellen? Tatsächlich war der Friede ein Ideal geworden, dem so viel Hass vorausging, dass man wirklich nicht mehr wusste, wo man ihn suchen sollte. Zwischen 1618 und 1648 verlor Deutschland die Hälfte seiner Bewohner. Als der moderne Staat Frieden schuf, war der schon zur Utopie geworden. Das ist das erste Paradox, dem wir uns stellen müssen.

Und in der Postmoderne ist der Krieg zum Ordnungsfaktor geworden?

Ja. Wenn der Frieden in der Neuzeit ein Ideal war, das seiner Verwirklichung harrte, oder besser: eine regulative Idee, so existiert gegenwärtig eine Vorstellung des Friedens nur noch im Innern einer Vorstellung des Kriegs. Der Krieg erhält den Frieden aufrecht, durch intime Überwachungs- und Polizeimaßnahmen. Das ist das zweite Paradox. Im Vergleich zur Situation zu Beginn der Neuzeit hat sich die Beziehung von Krieg und Frieden heute umgekehrt. Der Frieden bietet keine Lösung für den Krieg, er ist nicht einmal mehr ein Ideal oder eine Utopie: In der Gegenwart ist er eine einfache prozedurale Figur im Krieg. Damit ist eine absolut neue Situation gegeben, die nichts mehr zu tun hat mit der alten Regel *si vis pacem, para bellum* – »Wenn du den Frieden willst, rüste zum Krieg«. Heute findet man den Frieden *nur* im Krieg. Aber von welchem Frieden sprechen wir dann? Welche Rolle spielt künftig der Ausdruck »Frieden«? In der Postmoderne stellt sich die Souveränität nicht länger als Macht dar, die Frieden und Krieg trennt, sondern zeichnet sich vor allem durch die Fähigkeit aus, Krieg und Frieden ununterscheidbar zu machen.

Die moderne Literatur inszeniert, wenn sie vom Krieg spricht, immer wieder den Augenblick, da ein Mensch sich allein auf einem Schlachtfeld wiederfindet. Bei Grimmelhausen wie bei Tolstoi, bei Stendhal wie bei Céline, bei Remarque wie bei Hemingway finden wir diese auf wundersame Weise heile – heil im Gegensatz zu verwundet – Gestalt, die voller Bestürzung über die Ereignisse und voller Verwunderung darüber ist, dass Sonne und Mond immer noch am Himmel stehen können. Die Rückkehr zum Frieden ist eine Art natürlicher Restauration, eine Wiederherstellung des Lebens. Doch mit welchem Bild wären wir in der Lage, den Frieden in der Postmoderne zu fassen? Können wir ihn von den Monstrositäten des Krieges abziehen? Oder ist nicht im Gegenteil der Frieden selbst genau so monströs wie der

Krieg? Wo findet sich der Frieden? Der Wunsch nach Frieden kann auf keine Natur mehr zählen. Der Frieden ist tatsächlich monströs geworden. Nur das Unvorhergesehene, ein neues Monster, könnte uns aus dem gewöhnlichen Elend dieses Friedens und dieses Kriegs befreien, die in der neuen imperialen Ordnung ununterscheidbar werden. Niemandem kann es in dieser Situation noch gelingen, sich ein Schlachtfeld nach der Schlacht vorzustellen oder es zu beschreiben, und niemand wird Überraschung zeigen können, am Leben zu sein inmitten des Todes.

»Sie schaffen eine Wüste und nennen es Frieden«, schrieb Tacitus. Und vor ihm kam Thukydides zum gleichen Schluss. Die Historiker sind größere Realisten als die Dichter. Sie haben keinerlei Vorbehalte, die rohe Gewalt im Dienst der politischen Ordnung anzuerkennen. Machiavelli berichtet über die rücksichtslose Entfesselung von Kriegen, um Frieden zu erreichen. Er lehrt uns, dass der Frieden immer erzwungen ist. Der Frieden ist ein Wert, den nur der Krieg möglich macht. Realismus und Zynismus vermischen sich hier völlig. Aber kann die These, wonach der Krieg eine Ordnung schaffen kann, heute noch Geltung beanspruchen oder wäre es besser anzunehmen, dass auch sie zur reinen Illusion geworden ist? Die Frage ist nicht rhetorisch, sie unterstreicht vielmehr die Realität dieser Illusion. In der heutigen Zeit bilden Krieg, Frieden und Barbarei ein Gemenge, sie existieren in ein und demselben Augenblick.

Die großen Pazifismen – sei es der christliche oder der kommunistische Pazifismus – verlangten immer Opfer für den Frieden: Sie waren damit der modernen Vorstellung verpflichtet, in der Krieg und Frieden aufeinander folgten und/oder getrennt voneinander existierten. Und das ist genau der Grund, warum es ihnen heute nicht mehr gelingt, effektiv eine Friedensperspektive zu formulieren. Es gibt keinen Raum mehr für den Pazifismus. Den einzigen Widerstand gegen den Krieg scheint die Parole »Krieg dem Kriege« zu artikulieren.

Wenn es unmöglich ist, Frieden zu schaffen, was bedeutet dann »Krieg dem Kriege«?

In dieser Situation, angesichts der neuartigen Hybridisierung von Krieg und Frieden, in einer Welt ohne »Außen«, kann der Weg nur ein *Exodus* sein. Ein Exodus, der nirgendwohin führt. Ich verstehe unter Exodus eine konstituierende Macht: Exodus und »Krieg dem Kriege« bezeichnen im Grunde dasselbe.

In den Institutionen des Empire zeigen sich Risse: Sie deuten auf eine Implosion, die im Gange ist. Nicht von ungefähr ist Empire gleichbedeutend mit Korruption, dem Gegenteil von Generation. Bevor die Terroristen sie zerstörten, waren die Twin Towers, die Zwillingstürme des World Trade Center, in gewisser Weise fragil. Der Terroranschlag ist grauenhaft, doch bleibt er nur ein Nachäffen der imperialen Souveränität. Kamikazeterroristen kopieren diese Art Souveränität. Gibt es Unterschiede zwischen all den schrecklichen Kriegsritualen, die in einer endlosen Symmetrie aufeinanderfolgen?

Möglicherweise gibt uns das Beispiel der Menschen der Renaissance, die es verstanden, zugleich zu kämpfen und Gesetze zu erlassen, Künstler zu sein und eine neue Welt zu schaffen, einen Hinweis, wie wir unser Banner aus dem Staub heben können: das Banner des Friedens mit dem Emblem einer befriedeten Wirklichkeit. Vielleicht erlaubt es uns, den Trugbildern zu widerstehen und die

Einöde des Empire zu durchqueren. Ist das denkbar? Ist das Chaos nicht zu groß? Der Frieden ist heute keine Voraussetzung des Lebens mehr. Er kann nur neu erfunden werden. Er ist Teil der Welt, die der Exodus zu erbauen versucht.

P wie Passion, die Leidenschaft: menschliche Leidenschaften, politische Leidenschaften. Ist Leidenschaft ein Zustand höchster Intensität zu einem gegebenen Zeitpunkt?

Das ist wahr. Aber die Leidenschaft ist nicht nur die höchste Intensität, sie begleitet vielleicht auch eine kühle Beharrlichkeit, die auch extrem intensiv ist ...

Was verstehen Sie unter »kühler Beharrlichkeit«?

Wenn ich etwa an die Energie denke, die wir brauchten, um ganz langsam, über zig Jahre, eine Basis in den Fabriken aufzubauen, das war schon kühle Leidenschaft ... Es brauchte Zeit und Selbstbeherrschung, eine Art kontrollierte Begeisterung, eine gewisse geduldige Weisheit.

Aber wenn Selbstbeherrschung im Spiel ist, handelt es sich nicht um Leidenschaft. Auch wenn die Etymologie von »Leidenschaft« es nahe legt, so gibt es in ihr nicht jene Passivität des Leidens ...

Die Leidenschaft ist eine Lebensform. Für mich definiert sie sich durch zwei Momente. Durch eine Spannung, die sich auf ein Objekt richtet, durch den Wunsch nach der Präsenz dieses Objekts – eines idealen, eines utopischen Objekts – im eigenen Leben. Und Leidenschaft heißt auch, ontologisch gesprochen, konstruieren. Die Leidenschaft konstruiert das Sein. Lebt man eine Leidenschaft, so konstruiert man für sich und für andere Augenblicke, Horizonte, Strukturen, Wünsche und Freuden. Die Leidenschaft trägt immer zum Gemeinsamen bei. Das ist auch der Grund, warum »Verrat« und »Bruch« ontologisch so schwer wiegen, denn sie stehen für die Zerstörung eines Gemeinsamen.

In der Leidenschaft der Liebe befindet man sich eher außerhalb der Welt.

Nein, es ist mehr das, was Sie in der Psychoanalyse »Folie à deux«, symbiotischen Wahn, nennen. Die wahre Leidenschaft konstruiert das Gemeinsame, sowohl zwischen dem Paar als auch darüber hinaus. Es gibt diese emotionale Öffnung: das Gefühl des gemeinsamen Vermögens, die Lust, etwas zu schaffen – auch Kinder in die Welt zu setzen –, die Lust, zusammen zu sein, zu teilen, die Lust an der Kooperation. Ich habe nie daran geglaubt, dass man dem Öffentlichen das Private opfern müsse, noch umgekehrt, weil ich auch nie davon ausgegangen bin, dass es sich dabei um einen Gegensatz handelt. Wenn Sie einen Menschen treffen, der das versteht, ergibt das eine Liebesgeschichte voller Leben und Begehren. Für mich fiel die Rückkehr nach Italien mit einer Liebe dieser Art zusammen.

Es gibt das romantische Ideal des Paares, das sich selbst genug ist.

Das habe ich nie so gesehen. Alle großen Lieben, die ich erlebt habe, zeigen das Gegenteil. Als ich das erste Mal heiratete, war ich 27. Unsere privaten Pläne waren zugleich ein politisches Projekt, eine gleichermaßen private wie öffentliche Kampfansage an die scheinheiligen Stereotype der Familie und des Paares. Das soll nicht heißen, dass es darum gehen sollte, wer weiß was zu machen, sondern dass wir ein anderes Projekt hatten: Wir kämpften gegen die gesellschaftliche Unterdrückung und auch gegen die Formen der Unterdrückung, die mit dem Familienmodell einhergingen. Es reichte nicht, frei sein zu wollen, sondern es ging darum, diese Freiheit produktiv zu wenden. Im traditionellen Paar wiederholt sich immer nur die Ordnung der Gesellschaft. Doch es kann gelingen, ein anderes Projekt zu finden. Das ist die Leidenschaft: Etwas öffnet sich, es antizipiert den Kairòs. Vielleicht ist es auch hier eine Frage der Entscheidung, auf die alles hinausläuft. Die Entscheidung produziert den Funken der Leidenschaft und des Augenblicks, der Zeit, die sich öffnet und über den Abgrund weist, im Übergang zum Handeln.

Q

Q wie »Que dire?«, »Was sagen?« ... Was ist heute zu sagen? Ist das für Sie ein Punkt, der mit der Problematik der Entscheidung zusammenfällt?

Gibt es heute etwas zu sagen? Denken ist eine Sache, aber es besteht die Gefahr, in die Rolle eines Propheten zu schlüpfen und zu glauben, man sei im Besitz der Lösung. Eine epikureische oder stoische Haltung ist besser als alles Prophetische. Eine Haltung wie Descartes' »Moral auf Zeit« lehne ich dagegen völlig ab, weil eine solche Haltung nur in einer theologischen Welt existieren kann, in der Wahrheit etwas anderes ist als die Art zu handeln, und weil eine »Moral auf Zeit« zudem immer eine absolute Moral unterstellt.

Wie sähe eine ideale Haltung aus?

Descartes lehrt uns, dass wir uns ihr nur von einem Standpunkt der Sicherheit aus nähern können. Solange wir diese Sicherheit nicht haben, solange wir keinen Punkt der Entscheidung erreichen, müssen wir uns an das Provisorium der »Moral auf Zeit« halten. Aber das sehe ich nicht so. Es ist wohl wahr, dass die kleinen Momente der Entscheidung, die kleinen Kairòs, die kleinen Freuden, alle für sich allein wichtig sind. Vielleicht ist es auch wahr, dass die Liebe Gottes wichtiger als die Liebe zwischen zwei Menschen ist. Aber zwei Menschen, die einander lieben, sind etwas Besonderes: Denn die Singularität, die Bewusstwerdung der Existenz, die gemeinsame Konstruktion des Seins – wo es vorher nichts gab –, die von diesem Moment ausgeht, existieren. Etwas hat sich ereignet. Wie soll eine »Moral auf Zeit« das denken?

Führt die Tat zum Ereignis?

Nur die Tat: Die Leidenschaft, die Gemeinsamkeit produziert die Tat. Sie erwächst aus einer Art metaphysischer Kooperation, aus einem wechselseitigen Elan, einer realen Öffnung. In jedem Augenblick, den man lebt, schafft man Neues. Jeder Augenblick ist dergestalt Schöpfung, es sei denn, es handelt sich um nicht wirklich lebbare Momente, Momente in einem Zustand der Neutralisierung, in denen das Leben eine Parodie seiner selbst wird.

Hat die Liebe Gottes für Sie eine Bedeutung?

Zu sagen, man sei in Gott, ist zutiefst spinozistisch. Man ist in der göttlichen Substanz. Aber das Schönste ist, dass man Gott jeden Tag aufs Neue erschafft. Es heißt, das Sein neu zu erschaffen, etwas, das im Gegensatz zu uns nie sterben wird. Alles, was wir machen, geht in die Ewigkeit ein. Das Großartige an Spinozas Denken ist: Das Göttliche gibt es nicht außerhalb von uns. *Potentia*, das Vermögen bei Spinoza ist nicht wie das Vermögen bei Bergson, das außerhalb unser existiert, es ist keine Kraft in einem physischen Vorgang. Hier finden wir die ganze Differenz zwischen neuem und altem Materialismus, zwischen einem spinozistischen Materialismus und einem demokritischen oder epikureischen. Bei Lukrez, diesem großen Denker, verhält es sich noch mal anders. Er denkt den Augenblick der Entstehung des Seins als etwas, das im Universum passiert. Das spinozistisch zu denken bedeutet, dass es uns gegeben ist, diesen Moment der Entstehung zu leben, die Innovation zu leben und dergestalt direkt zur Ewigkeit zu gelangen. Wir sind das Klinamen, wir sind die besondere Inklination im Atomregen des Universums. Wir sind es, die alles bestimmen: Das ist der Materialismus der Freiheit. Und den lehrt uns nicht die Philosophie, den lehren uns vielmehr die sozialen Kämpfe, die großen gesellschaftlichen Bewegungen, die Praxis des Lebens.

R

R wie résister, widerstehen ...

Der Widerstand der Menge, der Widerstand gegen jeglichen Versuch, das Leben zuzurichten, findet sich vor allem im Glück der Singularität. Zu dieser Konzeption kam ich durch Deleuze: Nach Spinoza begann ich ihn zu lesen, mit ihm zu diskutieren und auch in einen Dialog mit seinen Schriften einzutreten. Ich verstand die Intensität, die das Konzept der Singularität hat: Es bedeutet viel mehr als die spezifische Einzigartigkeit in der Bewegung des Seins. Die Unendlichkeit wird in jeder Singularität gelebt, die vollkommene Internalisierung des Akts, des Lebens ist in jedem Moment präsent. Hier geht es nicht länger um Vitalismus, um den Verweis auf »Kräfte«; eine Analogie besteht viel eher zur Musik, wo die Noten, obwohl sie singulär existieren, ein Leben schaffen, sich aufeinander einlassen, sich komponieren, harmonieren können. Wenn ich harmonieren sage, meine ich keinen Maßstab – denn der ist in ständiger Veränderung – sondern die Beziehung in jedem besonderen Moment des Lebens. Ich weiß jetzt nicht, ob Deleuze das so gedacht hat oder ob ich wünschte, er hätte es so gedacht ... Bei ihm gab es trotz allem den Hintergrund der französischen Philosophie. Mit Schülern und Freunden von Deleuze bin ich deswegen häufig im Clinch, denn sie legen großen Wert auf all die bergsonianischen Figuren, die für ihn wohl eine Rolle spielten. Mir geht es aber im Gegensatz zu ihnen um etwas ganz anderes: das konstitutive Vermögen der Singularitäten. Konstitutiv für das Gemeinsame. Die Singularität weist immer eine Tendenz zum Gemeinsamen auf: das Gemeinsame ist ihr Produkt. Und die Singularität ist ein Weitertragen des Gemeinsamen. Ich glaube, in diesem Prozess besteht der Widerstand. Dabei haben das Gemeinsame wie der Widerstand nichts, aber auch gar nichts organisches: Die Singularität ist immer stammelnd, das »Stammeln des Neuen«, wie Deleuze sagt. Doch dieses Stammeln schafft eine gemeinsame Welt; es negiert sie nicht, sondern es bringt sie im Gegenteil zustande und bereichert sie. Widerstand ist die Bedeutung, die das Gemeinsame den Singularitäten gibt.

R wie Rückkehr ... War Ihre Rückkehr nach Italien insgeheim ein Akt des Widerstands?

Als ich im Juli 1997 zurück in eine Zelle der zentralen Haftanstalt von Rom in Rebibbia gegangen bin, war das keine »Rückkehr« im eigentlichen Sinn. Und selbst als ich anfangen durfte, das Gefängnis wieder zu verlassen, weil ich als Freigänger tagsüber außerhalb der Anstalt arbeitete, das war im September 1998, war das nicht wirklich eine Rückkehr. Italien und besonders Rom erschienen mir schwer zu begreifen. Mein Zurückkommen war mehr ein Wechsel des Exilortes. Auf die Rückkehr warte ich noch immer ... Nach mehr als vierzehn Jahren Exil auf dem Flughafen von Rom anzukommen, hat nicht genügt.

Um von Rückkehr zu sprechen, braucht es anderes. Heute, nach vier oder fünf Jahren kann ich gerade mal beginnen, das zu beschreiben. Die Rückkehr musste eine Art Rekonstruktion sein – nicht ein Wiedersehen, eine Wiedererleben oder ein Wiedererinnern, sondern das Konstruieren von etwas Neuem, eine Neubegründung des Lebens. Ich habe im Verlauf unseres Gesprächs ja schon gesagt, dass es mir ethisch angemessener scheint, auf ein Gedächtnis zu verzichten statt besessen einer Vergangenheit und Ursprüngen, die in ihr wurzeln, nachzujagen. Beim Zurückkommen, als ich die Füße auf italienischen Boden setzte, den ich für vertraut hielt, war ich gar nicht gezwungen, an meine alte Eloge auf den Gedächtnisverlust zu denken: Ich erkannte nichts wieder. Alles hatte sich verändert, alles sah potthässlich aus, und die Veränderungen hatten die Leidenschaft und die Hoffnung zum Verschwinden gebracht. Nichts war so geblieben wie früher, außer meinem Bild in der Öffentlichkeit, meinem Klotz am Bein: Ich war der *cattivo maestro* aus den siebziger Jahren und der war ich immer noch, auch dreißig Jahre, nachdem die Proletarier den *assalto al cielo*, die Eroberung des Himmels, versucht hatten. Mir wurde klar, dass mir dieses Bild ein für alle mal anhaften sollte, als ob meine gesamte Existenz für alle Zeit durch die Vergangenheit versteinert wäre. Und in gewissem Maß ähnlich wie das, was für die Gegner galt, war auch die Erfahrung, die ich mit den Freunden machte, die ich wiedertraf: ein Unbehagen, das sich bisweilen in grenzenloses Wohlgefallen auflöste oder aber zu Argwohn wurde. Sie liebten mich und verachteten mich zugleich. So betrachtet hatte die Rückkehr bizarre Folgen.

Der Bann musste gebrochen werden. Der Grund der Rückkehr war nicht in der Vergangenheit, sondern in der

Zukunft zu suchen: zurückkehren, um etwas entstehen zu lassen. Und tatsächlich entwickelten sich die Dinge in diese Richtung. Zwei Ereignisse haben dies bewirkt und beide haben paradoxerweise nichts mit Italien zu tun. Das erste war Seattle[22], das zweite der weltweite Erfolg des Buchs, das ich noch in Paris mit Michael Hardt fertiggestellt habe, bevor ich nach Italien ging. Diese beiden Ereignisse haben mich aus der Vergangenheit katapultiert, sie erlaubten mir, plötzlich wieder in der ersten Reihe zu sein. Das hatte ein bisschen etwas vom Baron Münchhausen, der sich am eigenen Zopf aus dem Sumpf zieht. Zurückkehren, um da zu sein, um zu handeln. Und wenn die Freunde wieder anfangen zu lächeln und die Feinde zu schreien, dann findet man seinen Platz im Leben, im gesellschaftlichen wie im politischen Leben, wieder.

Die Rückkehr ist nicht nur ein Ortswechsel, sondern der Versuch und das Glück, da zu sein: da und nicht anderswo. Das Glück besteht nicht darin, »Gemeinschaft« oder »Wurzeln« zu finden, sondern eine neue Sprache und die Freiheit der Leidenschaften. Selbst die Erinnerung und das Gedächtnis können wieder aufgenommen werden, wenn man aufs Neue ins Sein eintaucht, ins zugleich vergangene und gegenwärtige lebendige Sein, in die Bestimmung des Da-Seins. Und erst mit den Ereignissen von Genua, mit dieser wunderbaren – und bedeutenden – Erhebung der Menge gegen die »Großen der Welt«, erst da bekam meine Rückkehr tatsächlich einen Hauch von Wirklichkeit. Ich glaube, dass die Rückkehr immer etwas

---

22 Proteste und Demonstrationen behinderten im November 1999 den geplanten Ablauf der Konferenz der Welthandelsorganisation (WTO) im US-amerikanischen Seattle. Die Ereignisse gelten als Geburtsstunde der Bewegung gegen die neoliberale Globalisierung.

persönliches ist, das sich von Mensch zu Mensch und entsprechend der Umstände unterscheidet. Aber dennoch ist die Rückkehr gewissermaßen eine Form, die einen adäquaten Gegenstand finden muss, um sich als wirkliche Rückkehr ausweisen zu können. Dafür steht das Beispiel der Überlebenden aus den Konzentrationslagern, deren wahre Rückkehr vermutlich die Gründung Israels war; oder das Beispiel der italienischen Exilierten während des Faschismus, für die die Rückkehr die Gründung der Republik und der Kampf für den Kommunismus war ... Für uns, die wir 1968 gemacht haben, bedeutet zurückzukehren, zurückzukommen, dass wir schaffen, was wir in den siebziger Jahren intuitiv vor uns sahen und was nun in Genua bestätigt wurde: neue Figuren politischer Subjekte, die Entwicklung des Kommunismus. Die Rückkehr ist der Ausdruck, mit dem es gelingt, Widerstand und Zukunft zu verbinden, oder besser: den Widerstand durch eine Verschiebung von Raum und Zeit in die Zukunft zu projizieren. In meinem Fall ähnelt die Rückkehr ein wenig dem Zug des Springers auf dem Schachbrett.

S

S wie Sinnlichkeit ... Denkt man mit den Sinnen?

Ich glaube ja. Die Sinne sind fundamental. Ich habe nie über die Sinne als solche gearbeitet, aber ich bin nicht davon überzeugt, dass die klassische induktive Methode, wie man sie im Materialismus und im radikalen Empirismus findet, die einzig funktionierende sein muss. Es gibt die Wechselwirkung des Verstandes und der Sinne. So betrachtet bin ich Kantianer, bezogen auf den transzendentalen Schematismus und auf die Möglichkeit, »Brücken« zwischen Sinnen und Verstand zu schlagen, Imaginationsbegriffe zu bilden. Ich glaube nicht, dass nur die Sinne die Grundlage der Erkenntnis bilden, noch der Fähigkeit zu urteilen oder zu handeln. Der vulgäre Materialismus, der dank des sowjetischen dialektischen Materialismus eine Blütezeit erlebte, ist erledigt. In den vergangenen fünfzig Jahren wurde schrecklicher Schwachsinn im Namen dieses Materialismus geschrieben. Die großen Lichtgestalten des sowjetischen Materialismus waren D'Holbach und La Mettrie, die das nicht verdienten. Als ich jung war, fünfundzwanzig, habe ich über den deutschen Psychologen und Materialisten Gustav Fechner gearbeitet und über die

Linie, die sich von ihm bis zu Arnold Gehlen spannt, aber ich habe das aufgegeben. Doch waren das Studien, die mich geprägt haben. Mich interessierte die lebendige Erfahrung, darüber bin ich zur Philosophie Spinozas gekommen. Spinozas Denken ist eine Philosophie der Sinne, da sie ja eine Philosophie des Körpers ist. Es sind die Sinne, die uns dem Gemeinsamen öffnen.

Über die Sinne zu sprechen bedeutet auch, über meine Gefängniserfahrung zu sprechen, über ein Leben, das der Sinnlichkeit entbehrt. Und nicht nur die Sinnlichkeit im erotischen Sinn wird ihm geraubt, sondern man verwehrt ihm den Gebrauch der Sinne allgemein. Im Gefängnis verliert man auch den Gesichtssinn, den Blick für die perspektivische Tiefe, weil der Blick immer durch Mauern blockiert wird. Man vergisst, was Boden bedeutet, weil man jahrelang nur über Beton läuft. Ich erinnere mich, als ich das erste Mal aus dem Gefängnis kam, 1983, bin ich direkt zu Claudia Cardinale gefahren, mit der ich sehr gut befreundet bin, zu einem schönen Landhaus in der Nähe von Rom, und endlich konnte ich wieder, nach viereinhalb Jahren Beton, über Gras gehen. Ich hatte das Gefühl, als hätte ich Gummi unter den Füßen, ich hatte vergessen, dass über eine Wiese zu laufen nicht bedeutet, sich *auf* einer Oberfläche, sondern sich *durch* eine Oberfläche zu bewegen.

Ich muss Ihnen auch vom Himmel berichten, der einzigen perspektivischen Tiefe, die existiert, solange man im Gefängnis ist. Es ist ein Vergnügen, wenn es etwas gibt, das am Himmel vorbeikommt, ein Vogel oder ein Flugzeug, und wenn dieses vorbeiziehende Etwas eine Spur hinterlässt. Das Eingesperrtsein im Gefängnis kann man nur überleben, wenn man große Leidenschaften hat, wenn es einem gelingt, sich die Möglichkeiten zu bewahren, ausgehend von diesem leeren Kairòs etwas zu schaffen. Für mich hieß das, mitten in der Niederlage das Vermögen der Imagination zurückzuerobern. Ich habe viel Giacomo Leopardi gelesen und ihm schließlich ein Buch gewidmet, und ich habe die Geschichte von Hiob gelesen und auch in dem Fall beschlossen, etwas darüber zu schreiben[23].

Warum Hiob?

Weil es eine wunderbare Geschichte ist. Die Geschichte von Hiob richtet den Blick auf das Innere des Wunsches, der sein Objekt umschließt: Hiob hat seinen Gott gesehen und besitzt ihn daher. Der Zugang zu Gott, die schreckliche Qual Hiobs ist es, die es ihm auf paradoxe Weise gestattet, das Objekt seiner Wünsche zu besitzen. Die Spannung, die Leidenschaft ist unglaublich.

Es gibt den Moment, da Hiob zu Gott sagt: Bisher hast du mit mir gemacht, was du wolltest, du hast mich vernichtet, ich habe nichts mehr und alle fragen mich, ob ich noch an dich glaube. Und ja, ich glaube noch an dich, weil ich dich will, weil ich dich sehen will

Das ist ein wunderbar stolzer Akt, eine exemplarische Geschichte, das Gegenteil des besiegten und hoffnungslos zerstörten Hiob, den die Tradition der Kirche kennt. Er übersteht seine Qualen und seinen Untergang, weil er diese wunderbare ethische Haltung und vor allem die theoretische Fähigkeit besitzt, das Objekt seiner Wünsche zu schaffen. Das ist an der Geschichte des Juden-

23 Antonio Negri (1987), *Lenta ginestra. Saggio sull'ontologia di Giacomo Leopardi*, Milano: SugarCo; Antoni Negri (1990), *Il lavoro di Giobbe. Il famoso testo biblico come parabola del lavoro umano*, Milano: SugarCo.

tums oder Christentums – für den atheistischen Standpunkt macht es keinen Unterschied – zu schätzen. Das Gleiche findet sich bei Spinoza im *Theologisch-politischen Traktat*, wo er die Religion der Juden als die Schaffung eines Begehrens beschreibt, als Erfindung von Formen des Gemeinwesens. Eine solche menschliche Erfindung, wie Spinoza sie beschreibt, ließe sich in allen Religionen aufweisen. An den Religionen kann man untersuchen und verstehen, wie ein Begehren zu schaffen und zu verallgemeinern ist. In *Empire* schließen wir mit einem Verweis auf Franz von Assisi, weil er uns die Gestalt des Militanten der neuen Zeit zu verkörpern schien. Und alle Welt schrie entrüstet auf, all diese Bezüge zur Religion seien New Age …

Die Religion ist nicht New Age.

Ich habe nie etwas gegen die Religion gehabt, ich bin schlicht und einfach gegen die Transzendenz. Die weise ich in allen ihren Formen zurück. Aber manchen Aspekten der Religion und besonders manchen religiösen Erfahrungen wohnt tatsächlich die Fähigkeit inne, etwas entstehen zu lassen – und zwar auf eine nicht so sehr mystische als vielmehr asketische Art. Askese hat mich schon immer fasziniert, als Schöpfung, die den Gegenstand internalisiert, während die Mystik ein Abstandnehmen vom Gegenstand ist, eine negative Theologie. Die Askese ist ein konstituierender Zustand, eine Transformation der Sinne und der Imagination, des Körpers und des Verstands. Um das Gemeinsame zu schaffen, bedarf es immer der Askese.

Die Inkarnation in der Christusgeschichte ist in gewisser Art ein asketischer Verweis, oder vielmehr: ein Verweis auf ein musterhaftes Leben, wie Spinoza es kommentierte. Doch in der weltlichen Askese überschneiden sich Singularitäten und Sinnlichkeit vermutlich besser, um eine zukünftige Welt zu schaffen.

T

T wie Tentation, die Versuchung ...

Ich habe folgende Szene im Kopf: Als Michael Hardt und ich die Definition und das Konzept der Menge diskutierten, brachte Michael eine Stelle aus dem Markusevangelium über die Versuchung durch den Teufel ins Gespräch. Der Teufel stellt sich mit den Worten vor: »Mein Name ist Legion; denn wir sind unser viele.« Die Geschichte ist faszinierend, denn sie bringt auf bizarre Art und Weise eine Möglichkeit der Menge zum Ausdruck. Das ist nicht schlecht: Wir sind eine Legion Teufel ... Wenn er so ist, der Teufel, dann sind wir vollkommen einverstanden! Vor allem anderen ist das eine Art zu unterstreichen, dass man Anspruch auf den ganzen Reichtum der Möglichkeiten erhebt, auf alle existierenden Talente und Vermögen. In der Engelsgeschichte, ob sie nun gefallene Engel sind oder nicht, spielt sich alles in Legionen ab: Cherubim, Seraphim, die obersten Erzengel. Ich werde diesen Sommer gemeinsam mit einem Freund Dantes *Commedia* wiederlesen. Mein Freund, der Philosoph und Literaturwissenschaftler ist, hat sich der Rekonstruktion der Philosophie Dantes gewidmet und hat insbesondere das Verhältnis zu

Duns Scotus erforscht. Dante kannte Duns Scotus und hat vor allem dessen Konzept der *haecceitas* aufgenommen. So gesehen ist Dante ein Deleuzianer, für den die göttliche Welt eine Geschichte der Singularität oder das Schauspiel einer Menge von Singularitäten ist. Das Konzept der Singularität, wie wir es bei Deleuze finden, ist grundlegend für das Verständnis des Übergangs zur Postmoderne; es ist aber unglaublich, wie es bereits bei Dante präsent ist. Doch um auf die Versuchung zurückzukommen: Es ist doch recht angenehm, in einem Meer von Versuchungen zu schwimmen. Vielleicht sind die Versuchungen nichts anderes als der Modus der Substanz, des Wunsches, alles zu tun, alles zu lieben, keine Grenzen zu haben. Ich rede von »Modus« im Sinne Spinozas, für den die Modi wie die Bewegungen der Meereswellen waren. Eine Versuchung ist ein Ruf der Welt, man muss ihn verstehen und annehmen. Das Problem ist die Gegenbewegung, die immer auftritt: Die Versuchung durch den Teufel birgt das Risiko der Entfremdung. Man gewinnt zwar in dem Maß, wie man den alltäglichen Druck abwerfen kann, doch der Teufelspakt ist gefährlich. Die Situation hat etwas faustisches.

Ich will das nicht überspannen, tatsächlich ist es nicht so einfach, wie ich gern glauben möchte. Dantes *Göttliche Komödie* lehrt uns, dass die Versuchungen widersprüchlich sind. Es gibt die Versuchung zum Gemeinsamen und zum Verrat, die Versuchung zu lieben und zu hassen, die generative und die destruktive Versuchung ... Manchmal haben wir die Wahl, und manchmal geraten wir in einen regelrechten Sturm. Sicher ist – und Dante hat das in der Figur des Odysseus gestaltet –, dass wir in diesem tobenden Spiel alles verlieren können. Und dennoch können wir, wenn wir damit einverstanden sind, alles gewinnen. Wenn die Teufel Legion sind, sind die Versuchungen eine endlose Menge Leben.

T wie Terre, die Erde ...

Die »Erde« ist unsere Bedingung. Die Erde ist schön, weil sie lebendig ist: Sie bringt hervor, ernährt und stillt den Durst. Nur sie allein vereinigt die vier Elemente der Kosmologie. Die Erde kommt vor der Materie. Sie ist deren Grundlage; die Erde ist das, was Menschen bearbeiten und verändern, um Reichtum zu schaffen. Die Erde ist durch Arbeit transformierte Natur: Nichts ist weniger natürlich als die Erde der Poebene, kein einziger Quadratzentimeter, der nicht bearbeitet wäre! In Frankreich habe ich den gleichen Eindruck in Burgund. Die Schönheit der Erde resultiert aus dieser Ambiguität: Die Erde ist gleichzeitig die Grundlage von allem und das Produkt menschlicher Tätigkeit. Darin findet man alle Aspekte unseres Verhältnisses zum Realen. Allerdings spreche ich von »reicher« Erde – ich muss gestehen, dass ich bis heute zwar nicht nur in reiche Länder, aber vor allem in Länder gereist bin, in denen die Erde fruchtbar war. Nun, Arbeit und Technik können auch wenig ergiebigen Boden fruchtbar machen. Dabei sind gewiss das ökologische Gleichgewicht und bestimmte Grenzen der Entwicklung im Blick zu behalten, doch stehen diese Bedenken und Vorsichtsmaßnahmen der schöpferischen Potenz nicht entgegen, durch die der Mensch in der Lage ist, die Erde zu verändern und zu vervollkommnen, indem er sie bearbeitet. Die Ambiguität des Verhältnisses zwischen Mensch und Erde muss betont und nicht verdrängt werden: betont im Bewusstsein der Sache, das heißt mit größter Aufmerksamkeit.

Und T steht schließlich auch für die Twin Towers, die Zwillingstürme des World Trade Center ...

Als die Türme einstürzten, wurden wir brutal daran erinnert, welche Rolle sie in unserer Vorstellungswelt, in unserem Leben spielten – ich würde sogar sagen, auf unserer Erde. Es ist ein wenig wie in alten Geschichten, in denen ein schrecklicher Sturm alles innerhalb weniger Minuten zerstört ... In Italien sagt man, dass in der Po-ebene kein Gras mehr wächst, seit die Hunnen ins Land eingefallen waren, das war einer der ersten Angriffe der Barbaren auf Italien. Die Leute auf dem Land sagen das so, es ist eine Redensart für das schlimmste Unglück geworden. Ich weiß jetzt nicht warum, aber in meinem Kopf wurde daraus die Vorstellung, dass auf Ground Zero kein Reichtum mehr wächst. Im Sommer vor den Anschlägen auf die Türme habe ich Gregorovius[24] gelesen, der über den Niedergang des imperialen Rom bis zum Beginn des päpstlichen Mittelalters schreibt, über die Zerstörung der Topographie und der Architektur der Stadt. Die Barbaren stürmten ständig auf Rom ein, plünderten und zerstörten die ewige Stadt. Doch zentrale Bedeutung weist Gregorovius daneben den Kämpfen innerhalb der Stadt zu, den Auseinandersetzungen um das Papstamt, den Kämpfen zwischen eingesessenem und neuem Adel.

Als ich die Türme einstürzen sah, habe ich zunächst Entsetzen, dann Mitleid empfunden. Ich war entsetzt über das fürchterliche Niveau von Gewalt, das der Konflikt um die Hegemonie der imperialen Macht angenom-

24 Ferdinand Gregorovius (1859-72), *Geschichte der Stadt Rom im Mittelalter vom V. bis zum XVI. Jahrhundert*, 8 Bde., Stuttgart: Cotta.

men hat. Gregorovius berichtet, dass die Angriffe der Barbaren die Geburtsstunde der Archäologie Roms waren. Beginnt mit der Zerstörung der Türme in New York die Archäologie Amerikas?

Man muss verstehen, dass das, was passiert ist, zum Empire gehört: Ich weiß, wie schwierig das zu begreifen ist, aber der mörderische Wahnsinn von al Qaida ist Teil des Empire. Wohlgemerkt, es sind die, in deren Händen die Macht ist, die dem globalen Szenario die Richtung geben; sie bestimmen es, um ihre Macht zu sichern. Das kennzeichnet den Beginn der byzantinischen Epoche des Empire. Auf den Ruinen des World Trade Center soll gegen die Gespenster des Bösen ein Empire uneingeschränkter Macht errichtet werden. Nachdem der Rauch der Zerstörung den Himmel verdunkelte, wird er jetzt von den Blitzen einer Macht durchzuckt, die Frieden und Demokratie negiert. Im Gegensatz zu dem, was man versucht hat, mir anzuhängen, verspüre ich keinerlei Sympathie für al Qaida, ebenso wenig für die islamistischen fundamentalistischen und antiamerikanischen Bewegungen. Aber da liegt auch gar nicht das Problem, denn ich glaube nicht, dass wir es hier mit einer tatsächlichen Alternative zu tun haben, die einen vor die Entscheidung stellen würde, eine Seite zu wählen – noch einmal: Wir sind im Empire ... Ich denke mit Wehmut an die Twin Towers, denn sie waren ein Symbol der Hoffnungen, des Fortschritts und der Arbeit all jener, die in Manhattan ankamen. Ich hasse den Terrorismus, der die Türme zerstört und dabei das Leben von Tausenden ausgelöscht hat, die an diesem Tag dort waren, ich hasse den Terrorismus, der die Toleranz und die Multikulturalität angegriffen hat, die Träume vom *melting pot*, die uns mit der Geschichte der USA verbinden, mit der Hoffnung auf eine Neue Welt –

ein neues York; aber ich hasse auch den Terror eines Staates, der nach Rache schreit, der den Terrorismus unterstützt und Terror ausübt, der sich weigert, politisch zu denken, weil der Rückgriff auf Gewalt – und das heißt: der Eintritt in eine Epoche generellen Kriegs – vom Standpunkt der Macht betrachtet das einfachste ist. Die Vereinigten Staaten waren auch mal anders, doch heute finde ich die US-Regierung beängstigend.

U

U wie Unité, die Einheit ...

Das Eine ist das Prinzip der Negation, der Negation aller Singularitäten wie aller Pluralität. Das Eine ist eine leere Abstraktion. Das Eine ist das Prinzip der Theologie, der Teleologie, der Eugenik. Bisweilen versuchen Philosophen, erschrocken über die bizarren Konsequenzen dieses Denkens, das durch einige metaphysische Annahmen abzumildern, etwa indem sie die Idee der Einheit als Interaktion von Singularitäten formulieren. Doch das ist eine Mystifikation: Insofern das Eine die Konzeption dominiert – wie auch immer die Form dieser Dominanz aussehen mag –, dominiert es auch die Dinge, löscht die Unterschiede aus, tötet die Singularitäten. Das Eine ist der Gegner.

Ist das Konzept der Einheit gefährlich?

Man muss an diesem Punkt unterscheiden zwischen der Einheit, die man als einen Prozess der Vereinigung betrachtet, und der Einheit, die man als abstrakten Block versteht, als »das Eine«. Wenn die Einheit als Handeln begriffen wird, ist sie ontologische Praxis. Die Einheit ist ein Prozess, der, wie jedes Handeln, eine Sprache impliziert, die, wie jede Sprache, eine Vielheit impliziert, die, wie jede Vielheit, ein »Gemeinsames« impliziert. Das wäre dann nicht die Einheit des Einen, die der Vielheit entgegengesetzt ist. Die Einheit des Einen hingegen ist das Prinzip der Entfremdung, sie stellt sich als Negation dar. Negation ist kein Handeln, sondern ein Mangel, ein Nichts, der Entzug.

Die Menge ist also nicht das Eine, sondern die Einheit?

Die Menge als die Gesamtheit der Singularitäten zeichnet sich nicht durch Einheit aus, sondern durch Handeln. Aber ihr Handeln ist selbst ein Entwickeln von Singularitäten. Die einzige der Menge angemessene Einheit ist in der Anerkennung des »Gemeinsamen«. Doch ist das Gemeinsame der Menge die Erfindung eines gemeinsamen Handelns und deshalb wird auch die Einheit eine gemeinsame sein. Es wäre darum vielleicht besser, nicht länger von Einheit zu sprechen, um nicht den Irrtum aufkommen zu lassen, das Gemeinsame sei irgendetwas Organisches. Das Gemeinsame ist die lebendige Arbeit.

V

V wie Venedig ...

Venedig ist wie eine Manie. Sie zwingt Sie, so attraktiv zu werden wie alles, was Sie umgibt, eine unglaublich musikalische Sprache zu sprechen und die Sinne permanent durch die allgegenwärtige Schönheit betören zu lassen. Eine leichte Brise berührt ständig Ihre Haut und dann gibt es, vor allem, das Wasser: Venedig, das ist gleichzeitig der Mutterleib und das Höchste an Künstlichkeit. Eine Stadt, von Menschenhand gezimmert, um zusammen leben und ein Gemeinwesen errichten zu können, ein perfektes Universum.

Ich habe von 1963 bis 1971 in Venedig gelebt. Dort wurden meine ersten beiden Kinder geboren und dort habe ich 1968 erlebt. Venedig ist für mich nicht so sehr Heimat als Ausgangspunkt. Von Venedig aus habe ich mich in die Welt begeben.

Wie war der Mai 68 in Venedig?

1968 war wunderbar, doch hat alles tatsächlich schon viel früher begonnen. Die Fakultät für Architektur war seit 1965 eines der Zentren der studentischen Mobilisierung.

Die Fakultät war sehr gut, hatte ein hohes Niveau, und dann gab es damals zahlreiche namhafte Künstler, die in der Stadt lebten. Zugleich musste man nur ein paar Brücken überqueren und man befand sich auf dem Festland mitten in Italiens größtem Industriegebiet mit chemischer und petrochemischer Industrie, in Porto Marghera. Dort begann ich, mich politisch als Aktivist zu betätigen.

Wie sah Ihre Betätigung aus?

Seit Beginn der sechziger Jahre intervenierte ich politisch und organisatorisch, um die Leute dazu zu bringen, über ihre Arbeitsbedingungen nachzudenken, damit sie sich in unabhängigen Gewerkschaften organisierten. Ab 1963 begannen wir, Basiskomitees zu gründen, mit denen kam es zum ersten großen Streik. 1968 dann haben wir die Studenten von Venedig und Padua und die Arbeiter von Porto Marghera zusammengebracht, was sehr gut funktionierte, da sie seit etwa einem Jahrzehnt einen ständigen Austausch untereinander hatten. Die Architekturfakultät wurde zum Versammlungsort der Arbeiterklasse. Und die Intellektuellen von Venedig, von Luigi Nono, dem Musiker, bis zum Maler Emilio Vedova, waren Teil der Bewegung. Wir blockierten die Biennale im Juni 1968, wir verhinderten die Eröffnungsveranstaltung und die Kunstausstellung konnte dann erst drei Monate später eröffnet werden. Das gleiche haben wir im September '68 mit der Mostra gemacht, dem Filmfestival. Es war ein unglaubliches Durcheinander. Die Polizei platzierte, um einen Vorwand für ein militärisches Eingreifen zu haben, eine kleine Bombe auf dem Lido – was die Polizei eben macht, wenn sie nicht mehr weiß, wie sie die Proteste stoppen soll. Nach 1968 gab es dann die Ereignisse am 1. August 1970, dem ersten Ferientag, auch in Porto Marghera ... Sie müssen wissen, dass normalerweise alle Verkehrsmittel des italienischen Nordostens den Knoten von Porto Marghera passieren. Straßen und Bahnlinien führen direkt an den Chemiefabriken vorbei. Wenn man diesen Knoten blockiert, ist die ganze Region paralysiert. In allen Dörfern hatten wir Barrikaden errichtet, die den Strom deutscher Touristen, die nach Süden wollten, blockierten. In Venedig wurde ein Güterzug in Brand gesetzt. Es war eines der unglaublichsten Dinge, die ich in meinem Leben gesehen habe. Heute lache ich darüber, aber das Klima damals war häufig extrem gewalttätig. Und in Porto Marghera, nur zwei Kilometer von der schönsten Stadt der Welt entfernt, starben hunderte von Arbeitern an Krebs, buchstäblich durch ihre Arbeit vergiftet ...

Nach 1968 blieben Sie noch zwei Jahre in Venedig?

Ja, und schließlich zog ich nach Mailand. Mailand war, politisch betrachtet, eine viel bedeutendere Stadt als Venedig. In jener Zeit begann ich, mich politisch bei Alfa Romeo zu betätigen, der größten Autofabrik. Wir hatten schon eine Betriebsgruppe bei Fiat in Turin, bei Pirelli, bei Siemens und in allen großen Mailänder Fabriken. Ab 1971/72 haben wir das begonnen, was dann »Arbeiterautonomie« genannt werden sollte, die *Autonomia operaia*. Anfang der siebziger Jahre nannten wir uns noch *Potere operaio*, also Arbeitermacht. In dieser Gruppe haben wir beschlossen, die Organisation aufzulösen, um ein Netzwerk kleiner organisierter Strukturen zu schaffen, die sich über das ganze Territorium verstreut aufbauend auf Erfahrungen der Selbstorganisation gründeten. Mailand wurde zum Zentrum der *Autonomia*.

Wie lange dauerte die Erfahrung der Autonomia?

Bis zu unserer Verhaftung. Wir dachten, dass der Höhepunkt der Krise vorbei wäre. 1977 gab es eine Welle von beispiellosen Kämpfen in ganz Italien. Die größten studentischen Demonstrationen fanden in Bologna statt. Den Kämpfen folgte eine unglaublich gewalttätige Repression. Wir dachten alle, dass damals etwas Entscheidendes passieren würde, doch dann passierte zunächst tatsächlich nichts. Am 7. April 1979 war dann die Razzia, der Tag, der uns alle ins Gefängnis brachte. Wir wurden überrascht, niemand hatte mehr daran geglaubt ...

Sie hatten es wirklich nicht mehr erwartet?

Nein, ich hatte ein paar Mal zuvor Angst gehabt, verhaftet zu werden, aber 1979 schien alles so ruhig ... Und überhaupt nicht erwartet hätte ich, dass sie mich unter der Anklage verhaften, Moro ermordet zu haben. Als ich den Hauptanklagepunkt erfuhr, war ich sprachlos, das war einfach unvorstellbar.

Es war ein Kronzeuge, sagten Sie, der Sie entlastete?

Am 21. Dezember 1979 wurde die Aussage eines Kronzeugen aufgenommen, der mich ganz neuer Sachen beschuldigte. Ihn haben sie laufen lassen, ich blieb im Gefängnis. Es genügte, die Anklageschrift völlig neu zu schreiben. Die neuen Beschuldigungen waren zum größten Teil genauso aus der Luft gegriffen wie die ursprünglichen, doch zumindest war ich in der Sache Moro entlastet, das war ja schon was. Rechte und Linke waren sich einig und brachten die Welt der Macht in Ordnung, indem sie eine soziale und politische Bewegung, die mehr als zehn Jahre gekämpft hatte, auf das Randphänomen des Terrorismus reduzierten. Denn politisch war der Terrorismus, bezogen auf jenes Jahrzehnt sozialer Kämpfe, marginal, egal was man heute darüber sagt.

Hatten Sie Verteidiger?

Ich hatte großartige Anwälte: Giuliano Spazzali in Italien, Georges Kiejman in Frankreich. Außerdem hatte ich die Unterstützung eines internationalen Komitees. Und es gab eine Reihe namhafter Anwälte in Paris, die mir halfen: Robert Badinter konnte mich nicht verteidigen, weil er kurz davor war, Minister zu werden, aber wir schrieben einander. Es gab Freunde, es gab Kollegen an der Universität und viele andere ...

Eins verstehe ich noch nicht: Was muss man in den siebziger Jahren in Italien unter »Terrorismus« verstehen? Heute wird uns erzählt, wir sind im Krieg gegen den Terrorismus. Gibt es eine Ähnlichkeit zwischen beiden?

Nein, ich denke, es gibt überhaupt keine Ähnlichkeit. Der Terrorismus, der mit der Arbeiterklasse verbunden war, war vor allem eine Form des politischen Extremismus, der bisweilen die Kämpfe in den Fabriken und die politischen Auseinandersetzungen bis zur bewaffneten Aktion trieb. Der Terrorismus der siebziger Jahre war im allgemeinen – wenn auch leider mit ein paar Ausnahmen – eine Fortsetzung der Politik mit anderen Mitteln. Es gab eine Art »hyperradikale« Strömung, die die Wendung gegen das System mit einem grundsätzlichen Argwohn verband: eine Position der Verweigerung, des Verdachts gegen jegliche Vermittlung – auch im Konflikt – mit anderen sozialen Kräften ... Doch muss man acht geben: Offensichtlich macht es sich diese Definition zu leicht, denn sie trifft mehr oder weniger auf die Arbeiterklasse insgesamt zu. Denn schließlich war es die Strömung der antisystemischen und hyperradikalen Bewegungen, der es gelang, die totalitären Systeme des Kolonialismus, des Imperialismus und des Realsozialismus zu zerstören.

Es ist historische Blindheit, bis heute die siebziger Jahre als das Jahrzehnt des Terrorismus zu bezeichnen. Die Ebenen der Konfrontation werden dadurch verdeckt, die politische Konfrontation der Wünsche ist dann nicht mehr zu erkennen, also die Gesamtheit der Kämpfe, die um die Aneignung des Lebens geführt werden; stattdessen erscheint ein Konflikt von Kulturen, von Zivilisationen, und eine Apologetik der Identität blockiert jede Kritik. Heute gibt es wirklich einen Terrorismus, einen identitären Nihilismus, eine zerstörerische Apologie der Identität und der Schließung. Das ist es, was wir gegenwärtig vor Augen haben, denn das ist leider die Form, die der Konflikt der verschiedenen imperialen Eliten angenommen hat, die sich gegenseitig die Vorherrschaft streitig machen.

W

W wie Wittgenstein ...

Ludwig Wittgenstein markiert einen der wichtigen philosophischen Wendepunkte des vergangenen Jahrhunderts.
Wir haben schon über Heidegger gesprochen, Wittgenstein ist »der andere«. Bei ihm findet sich die zweite
große Linie des zeitgenössischen Denkens. Wittgenstein
bricht definitiv mit einem naiven Verständnis der Beziehung von Zeichen und Wirklichkeit. Er spielt mit dem
Zeichen, um die Wirklichkeit zurückzuerobern. Doch
das Wichtigste ist für mich nicht dieser Weg vom Zeichen
zurück zur Wirklichkeit, sondern die Beziehung von Zeichen und Wirklichkeit zur Sprache. Bei Wittgenstein findet sich die außergewöhnliche Wiederentdeckung einer
Phänomenologie der Leidenschaften in der Sprache oder
genauer die Entdeckung, dass vermittels der Sprache die
lebendige Arbeit und die Affekte die Wirklichkeit produzieren. Diese Entdeckung hat mich wirklich umgewor-
fen, als ich zum ersten Mal Wittgenstein las. Und es hat in
mir den Wunsch ausgelöst, Philosophie zu betreiben, was
bei Heidegger nicht der Fall war.

Sie sprechen von der Leidenschaft in der Sprache. Was meinen Sie damit?

Die Sprache und das Sprechen wird die Bedingung des Geistes, seine Form. Wittgenstein führt eine Analyse der Sprache vor, in der es vorrangig nicht um eine philosophische Fragestellung geht; stattdessen werden die sprachliche Form des Fragens, die Intonation der Stimme, all die körperlichen Momente der Rede zentral. Und das ist außergewöhnlich. Die linguistische Wende ist keine kleine Revolution, sondern eine totale Umwälzung. In der Folgezeit gab es die unterschiedliche Entwicklung der Philosophie auf dem europäischen Festland und der angelsächsischen Philosophie, die uns daran hinderte zu verstehen, dass Wittgenstein auch auf die Philosophie auf dem alten Kontinent eine starke Wirkung ausübte. Ich denke, die europäisch-kontinentale Philosophie wäre heute ohne Wittgenstein undenkbar.

In Frankreich ist es so, dass Philosophen niemals »pur« rezipiert werden, sondern immer schon reinterpretiert. Beispielsweise lernte man Heidegger durch Sartre kennen und musste an die fünfzig Jahre warten, bevor man Zugang zum wirklichen Heidegger bekam. In gleicher Weise las man Wittgenstein wegen der linguistischen Wende, für die in gewisser Weise Jacques Lacan stand. Es ist schon ziemlich unglaublich, dass man durch die Psychoanalyse musste, um einen Philosophen zu lesen.

Lacan hat mit Wittgenstein das getan, was Sartre mit Heidegger tat; eine angemessene Wittgensteinlektüre ist darum heute schwierig. In Frankreich findet sich recht häufig dieses Phänomen des Übersetzens/Übergehens. Denken Sie an die Bedeutung von Maine de Biran, oder an die von Alexandre Kojève und Jean Hippolyte für Hegel: Die großen Kommentatoren sind zugleich für eine sehr selektive und spezielle Rezeption der philosophischen Werke verantwortlich.

Denken Sie, dass Wittgenstein heute noch eine entscheidende Rolle spielen kann?

Wittgenstein erlaubt viel mehr als Heidegger ein Eingehen auf die Postmoderne. In der Postmoderne spielt die immaterielle Produktion eine dominante Rolle, eine Produktion, die künftig alle Bereiche des Lebens durchdringen wird. Um diese Welt zu verstehen, müssen wir in gewisser Weise Wittgenstein folgen und die Sprache als Bewegung der Konstitution des Seins interpretieren, als Zeichen, Artikulation und Struktur. Zugleich gibt es bei Wittgenstein ein heideggerianisches Moment, denn die Struktur der Sprache ist etwas Gegebenes, sie ist da und markiert einen wesentlichen ontologischen Horizont.

Die Wichtigkeit von Wittgenstein rührt von der Tatsache, dass er Sprache und Sprechen in den Mittelpunkt der Analyse rückte, um die Natur des Körpers zu entdecken. Der Körper wird zu einem sprachlichen Prozess. So betrachtet kommt Wittgenstein größere Bedeutung zu als neokantianischen Ansätzen, die den Zeichenprozess, auch wenn sie ihn ins Zentrum rücken, immer nur unter formalen Gesichtspunkten sehen. Wittgenstein spricht dagegen vom Sein, vom Körper und von der Art und Weise, wie die Körper einander begegnen, nämlich durch Kommunikation, durch ihre Affekte und Projekte. Was ich am Neokantianismus oder auch am epistemologischen Formalismus kritisiere, trifft auch das hermeneutische Denken, etwa das von Hans-Georg Gadamer. Gadamer steht immer noch für die Philosophie des 19. Jahrhunderts. Meine

Examensarbeit schrieb ich damals über Dilthey und Max Weber, vielleicht reagiere ich deshalb so lebhaft auf bestimmte philosophische Diskurse ...

Sie interessieren sich für Wilhelm Dilthey?

Ja, aber nicht für Gadamer. Bei dem verliert man die ontologische Dimension, finde ich. Dilthey gehört zur deutschen Philosophie nach 1870, und es gibt eine recht klare Linie zu Heidegger. Ich denke, dass das für Gadamer nicht zutrifft. Das war jedenfalls das Thema meiner Arbeit damals.

Das hermeneutische Denken, von dem ausgehend man die europäisch-kontinentale Philosophie häufig zu beschreiben versucht, steht dem alten Historismus recht nahe. An der Universität ist das beliebt, es gibt dann brillante Arbeiten über die Geschichte der Philosophie. Aber für mich ist Philosophie etwas anderes.

Und was bedeutet Ihnen Paul Ricœur?

Ricœur ist ein besonderer Fall. Er steht für eine undogmatische Phänomenologie, die es ihm erlaubte, sich da und dort zu positionieren. Das erlaubte ihm, sein Denken als Interpretationsansatz zu entwickeln. Aber paradoxerweise würde ich ihn nicht als Hermeneuten bezeichnen. Er bewegt sich in der Welt der Sprache und des Sprechens, in der Wirklichkeit, im Sein der Sprache. Bei ihm findet man Momente äußerster Modernität und eine außergewöhnliche, kritische Haltung, die Fähigkeit zur Integration und ein Verständnis für Prozesse, die ihm erlauben, unterschiedliche gesellschaftliche Standpunkte zu verbinden. Ich habe Ricœur immer mehr als Gesellschaftskritiker denn als Philosophen im eigentlichen

Sinne angesehen – ich weiß natürlich, dass ich ihm Unrecht tue, wenn ich so etwas sage, schließlich sind einige seiner Arbeiten bemerkenswert. Freilich, nimmt man in Frankreich die drei Riesen – Foucault, Deleuze, Derrida –, was bleibt dann noch?

Levinas?

Nein. Aber einen gibt es noch, den man erneut lesen sollte, und zwar Maurice Merleau-Ponty, vor allem seine späten, nach 1952/53 entstandenen Schriften. Weil Merleau-Ponty dort die Verbindung begriff, die es zwischen Leib, Macht und Sprache gibt. Doch Merleau-Ponty wurde in der universitären Philosophie Sartre zugeschlagen, man radierte einen Teil seines außergewöhnlichen philosophischen Wegs aus, obwohl sich dort das Thema der Arbeiten von Foucault und Deleuze andeutete. Merleau-Ponty ist ein großer Philosoph. Tatsächlich beginnt die Philosophie des 20. Jahrhunderts mit drei Riesen: Henri Bergson, Giovanni Gentile und Edmund Husserl. Jeder dieser drei verbindet die dynamischsten Momente des bürgerlichen Denkens, wie es sich im 19. Jahrhundert – in Frankreich, in Italien und in Deutschland – entwickelte. Das war der Höhepunkt der bürgerlichen Philosophie, ihr goldenes Zeitalter, in der sie die Fähigkeit besaß, die Vergangenheit zu sehen und sie auf die Zukunft zu projizieren. Der Krieg von 1914 beendete diese Entwicklung, damit begann der Verfall. Heidegger gibt dafür in den zwanziger Jahren ein Beispiel. Wittgenstein ist ein kurzes Aufbäumen gegen die Korruption: Der *linguistic turn* ist Ausdruck der Krise in ihrer Vollendung. Im Verhältnis zu Heidegger findet sich in den Arbeiten Wittgensteins eine radikale Verschiebung der ontologischen Fragestellung.

Doch kommen wir auf Merleau-Ponty zurück. Ich denke, dass er, als er die Perspektive des Leibs in die Philosophie einführte, von einem ähnlichen philosophischen Kontext wie Wittgenstein ausging: Das war eine Intervention »von unten«, die gegen jegliches Totalitätsdenken stehen sollte. Merleau-Pontys Bezug auf Leiblichkeit war wie der Wittgensteins auf Sprache eine mäeutische Operation. Der eine wie der andere gab dem Denken wesentliche Elemente an die Hand, um eine Philosophie der Postmoderne zu entwickeln.

Dennoch bleibt der Leib für die Philosophie die große Unbekannte, oder nicht? Interessanterweise sprechen Sie von Merleau-Ponty, denn er hat tatsächlich versucht, das auf der Seite der Phänomenologie, des Sichtbaren zu fassen. Doch ist dieses Denken des Sichtbaren und des Leibs nicht eigentlich vorbei?

Damals war es nicht vorbei, aber zwanzig Jahre später, mit Foucault und vor allem mit Deleuze, durch die Verschiebung auf die Subjektivation des Körpers. Es ist schwierig, sich hier klar auszudrücken: Man riskiert ständig, entweder einem empiristischen Verständnis von Materialismus anzuhängen oder einem beinahe spiritualistischen Vitalismus zu verfallen. Vom Körper zu sprechen ist vor allem auch ein Problem der Sprache und des Sprechens. Denn es ist tatsächlich schwierig, sich von der auf die antike Philosophie zurückreichenden Tradition zu lösen, die Körper und Leib dualistisch denkt. Ich würde allerdings gerne eine Art philosophisches Seminar organisieren, das dem Leib gewidmet wäre und wo die Wörter »Geist«, »Seele« oder »Entelechie« nicht mehr ausgesprochen werden würden, all diese Ausdrücke, die ontologische Trennungen einführen.

Die Trennung des Körpers vom Geist legitimiert nämlich die Herrschaft des Geists über den Körper. Die Gesellschaft sieht entsprechend aus: Der Geist befiehlt und
der Körper gehorcht, das ist die hierarchische Ordnung
und der Maßstab des Sozialen wie der Produktion. Wenn
man die Sache umkehrt und sagt, dass die Produktion
nicht vom Geist, sondern vom Körper vollbracht wird –
was nicht wirklich neu ist, denn die Reproduktion hat
schon immer der Körper vollbracht –, wenn man also den
Körper als den Ort der Wiederaneignung der Kräfte des
Intellekts bestimmt, steht der Körper für den Zusammenhang von Produktion und Reproduktion. Alle Trennungen zwischen Spirituellem und Körperlichem, die religiösen Sichtweisen, die auf die Vergänglichkeit des Körpers
setzen, verschwinden. Und damit auch die Vorstellung
von der ewigen Seele und dem sterblichen Körper. Das
wäre ein Geniestreich ... Das Paradoxe daran ist, dass das
Christentum nie so argumentiert hat: das große Dogma
von der Auferstehung des Leibes sagt genau das Gegenteil! Ich möchte über dieses faszinierende Thema der leib-
lichen Auferstehung arbeiten. Mich interessiert nicht nur
der eschatologische Aspekt, auch wenn der sehr bedeutsam ist, sondern vor allem die Wiederentdeckung einer
materialistischen Religion. Es gibt viele andere Momente,
wie etwa die Eucharistie, die Inszenierung der Verwand-
lung von Fleisch und Blut Gottes in Brot und Wein. Aber
die Auferstehung des Leibes ist, materialistisch betrachtet, das Wichtigste. Vielleicht werde ich eines Tages dazu
kommen, daran zu arbeiten ...

Der Diskurs über den Körper ist heute mit dem Diskurs über seine Metamorphosen verbunden. Das ist die
andere große Linie des Denkens, die die Wichtigkeit und
die Zentralität des Körpers unterstreicht. Die Spur der

Singularität ist verbunden mit den Metamorphosen des Menschen zum Gott, des Gottes zum Menschen, des Menschen in der Natur. Die Formen sind häufig reichlich widersprüchlich, aber nehmen Sie zum Beispiel die *Metamorphosen* von Ovid und es lässt sich wahrnehmen, wie wichtig die Veränderungen der Körper im Kopf des Menschen sind. Ich habe einmal einen Text geschrieben, in dem ich jene klassische Antike ein »Zeitalter der Zentauren« nannte, weil damals totale Verwirrung zwischen Mensch und Natur herrschte. Die Metamorphose war einfach eine glückliche und direkte Reziprozität. In der Moderne, im Zeitalter des »Homo homo«, begann die Vorstellung der Metamorphose sich zu verändern: Sie wurde zur magischen Grenze zwischen den Kräften der Natur und den intellektuellen und politischen Neuerungen; sie stand im Mittelpunkt der Träume von Veränderung. In der Gegenwart, da die Technologie die Beziehungen zwischen Mensch und Maschine vollständig determiniert, behauptet die Technologie bereit zu sein, die Wünsche zu erfüllen. Das ist ein enormer Wandel: Wir können den Menschen modifizieren und den Traum der Metamorphose von der Utopie zur Wissenschaft werden lassen. Welch ein uns noch unbekannter Weg taucht da auf ...

X

*X wie die Unbekannte in der Gleichung: Um unsere Zeit
und die Vielzahl der Metamorphosen zu denken, muss
man mit einer oder mehreren Unbekannten rechnen ...*

Ganz offensichtlich gibt es heute tausend Probleme. Kör-
perprothesen, genetische Veränderungen, die Beziehung
zwischen Mensch und Maschine, kybernetische Maschi-
nen ... wie ich schon sagte, skizziert das alles einen Weg,
der Vorsicht erfordert und ein Ziel. Wir können ihn nur
gehen, wenn wir zuvor das Projekt abgeschlossen haben,
die Körperbilder neu zusammenzusetzen. Das erfordert
eine transversale Operation, die alle Disziplinen betrifft:
Medizin, Ingenieurswissenschaft, Philosophie und Biolo-
gie. Der Einsatz dort ist eine wirkliche postmoderne Revolution. Ein derartiges Vorhaben birgt Unvorhersehba-
res; zu diesem Unvorhersehbaren gehört das Ungeheuer
– in dem Sinn, in dem ich diesen Ausdruck verwende.

Wir kehren zu dieser Frage, die schon tausend Mal gestellt wurde, zurück, zum Problem der epochalen Metamorphose, die wir durchleben, in der das Verhältnis von
Natur und Gesellschaft vollständig internalisiert ist und
für die das Verhältnis zwischen einem Entwurf des Le-

bens und der Entwicklung der Technologie für die Reproduktion des Lebens an zentrale Stelle gerückt ist. Ich weiß nicht, was wir in der Zukunft tun werden. Das X, das für die Unbekannte in der Mathematik steht, wird zum Unvorhergesehenen, zum Unerwarteten. Das Unvorhergesehene ist definitionsgemäß das, was eintreten kann. In der ungeheuren Hybridität, die wir in unseren Gesellschaften, in unseren Sprachen, in unseren Städten hervorgebracht haben, gibt es mit Sicherheit eine unglaubliche Kreativität. Und zugleich gibt es derartig große negative Kräfte, dass man vor den schöpferischen Fähigkeiten, die wir unser nennen, Angst haben muss. Es ist ganz offensichtlich, dass die Ambiguität immens ist, doch gibt es kein Zurück. Es wird uns gegenüber diesem X, dieser Unbekannten, kein Fundamentalismus und auch keine Flucht in New-Age-Religionen helfen, und so zu tun, als wäre nichts, ist eine noch größere Gefahr. Einzig die Entwicklung und die Praxis einer neuen Demokratie der Menge kann uns vor Katastrophen bewahren. Wir brauchen eine biopolitische Demokratie auf der Höhe des Ungeheuers, das sich ankündigt.

Y

Y wie Yeux, die Augen ...

Die Augen sind der Blick und daher ebenso die Antizipation wie das Festhalten an der Vergangenheit oder die Blindheit.

Das Auge ist auch das Auge des Künstlers, desjenigen, der es versteht zu sehen.

Eines der verstörendsten Phänomene der Gegenwart ist, dass alle Welt von sich meinen muss, Künstler zu sein. Alle glauben, Augen zu haben, mit denen sich die Oberfläche der Welt, die uns umgibt, durchdringen lässt. Es gilt, reale intellektuelle und körperliche Fähigkeiten und die Intensität der Leidenschaften, die Beharrlichkeit bei einem Projekt oder die Bereitschaft zur Konfrontation mit der Wirklichkeit nicht zu verwechseln mit den kleinen zufälligen Tagträumen, wenn man in die Sonne blinzelt. Mir geht es häufig so, dass ich bei Sonnenschein Flecken vor den Augen habe, die meine Sehkraft beeinträchtigen ...

Debord sagte immer: »Wenn ihr sehen wollt, geht ins Kino!« Das richtete sich an alle, die die Wahrheit durch Intuition suchten, und er sagte es als der rationalistische

Snob, der er war. Geht ins Kino, wenn ihr »sehen« wollt. Das Problem ist nicht das Sehen, sondern das Konstruieren für die Erkenntnis. Für Debord war es die Konstruktion eines Idealtypus, von dem aus die Wirklichkeit zu erforschen war. Bei Deleuze und Guattari gibt es eine Idee der gleichen Art: die Konstruktion eines Menschen, der das Reale überfliegen kann. Das klingt merkwürdig, ist auch recht weit vom Rationalismus Debords entfernt, bleibt aber der Vorstellung vom Überfliegen verhaftet. Was geben uns die Augen zu sehen? In welcher Dimension? Um zu sehen, braucht man in Wirklichkeit geeignete Instrumente, die im Innern des Blicks arbeiten, die helfen den Blick zu hinterfragen, die mit den Augen die Welt befragen, nach ihren Potenzen, ihren Trieben, ihren Tendenzen. Ich habe versucht, davon zu sprechen, als ich über Hiob arbeitete. Ein solcher Blick auf die Welt birgt die Gefahr, zum Propheten zu werden, doch die Prophetie führt letztlich zu nichts weiter als zu einer Art allgemeinem Nihilismus, der sich selbst begräbt. Die Welt zu befragen bedeutet, sie in jedem Augenblick neu zu erfinden, und hat eine konstitutive Funktion. Das ist das genaue Gegenteil des prophetischen Nihilismus.

Eine im Grunde negierende Haltung.

Eine mystifizierende Haltung, die mich stört. Genau betrachtet sind Debords Idealtyp oder das »Überfliegen« bei Deleuze und Guattari an der Grenze einer solchen mystifizierenden Haltung, weil sie tatsächlich kurz davor sind, durch eine überhistorische Perspektive die Transzendenz wieder einzuführen.

Z

Z wie Zenon von Elea ...

Zenon, das sind selbstverständlich die Paradoxien. Den Paradoxien müssen sich alle Materialisten, prämoderne wie postmoderne, stellen, außer Spinoza. Demnach ist es unmöglich, die Atome anders zu betrachten als getrennt voneinander und das Leben anders denn als eine Reihe passiver Handlungen. Das ist die reaktionäre Übersetzung eines revolutionären Materialismus. Der Materialismus bietet an sich dem Kampf gegen jede Form autoritärer Präkonstitution ein phantastisches Instrument, auf dem Gebiet des Wissens wie auf dem der Religion, auf dem der Gesellschaft wie auf dem der Praxis politischer Wissenschaft. Das Problem ist, dass man, ist das Modell autoritärer Präkonstitution erst einmal zerbrochen, nicht mehr in der Lage ist, ihm zu entgehen. Zenon ist genau das passiert: ein Selbstmord der Vernunft. Ein sinnloser Selbstmord, weil das Schema, auf das er aufbaut, sinnlos ist.

Die Zeit ist der Bruch zwischen der Kontinuität und der Diskontinuität, etwas, das in jedem Augenblick beginnt. Nimmt man eine aus Punkten bestehende Strecke und unterteilt sie bis ins unendliche an diesen Punkten, dann ist das Problem nicht, eine Schildkröte zu treffen, sondern sich ins Leere zu stürzen. Die Zeit ist genau das: wenn man sich ins Leere stürzt, überholt man die Schildkröte. Zenon formuliert den reaktionären, pessimistischen, den brutal negativen Aspekt der Philosophie der Zeit und des Seins. Zenon betrachtet die Welt auf analytische Art, von außen, Handeln ist ihm fremd. Doch wäre es falsch zu glauben, es existierte eine analytische Notwendigkeit, die uns zwingen würde, *a posteriori* auf die Welt und ihre Einrichtung zu blicken. Ganz im Gegenteil stecken wir immer schon in einem induktiven Zusammenhang, in einem dynamischen Zusammenwirken: Die Dynamik ist bestimmt vom Körper, von den Leidenschaften und ihrer Intensität, von der Kontinuität des Handelns, vom Sprung ins Reale.

Es ist ganz unerlässlich, ins Reale zu springen, sich hineinzustürzen, denn das ist die einzige Art, die Welt zu verändern. Leben ist nur das: die Welt verändern, sie umwälzen, sie neu erfinden. Sie revolutionieren. Und dennoch, welchen Preis musste ich zahlen, um noch einmal anzufangen, eine Welt zu erbauen ... Heute, da die Rückkehr vollbracht ist, kann ich die Paradoxa des Zenon definitiv vergessen. Ich gehe viel. Die Rückkehr bedeutet neu anfangen zu gehen, aus allen Sackgassen herauszugehen und – und vor allem – die Leidenschaften zurückkehren lassen, die unter der Niederlage begraben lagen. Weniger Erinnerungen als neue Erfahrungen. Das Futur kennt kein Alter und die Zukunft ist etwas, das wir jeden Tag bauen werden und das deshalb immer neu sein wird. Neu beginnen heißt nicht zurückgehen, bedeutet nicht, die Abschnitte des Lebens unendlich klein zu stückeln und zu teilen – wie es Zenon mit dem Raum und der Zeit ge-

macht hat –, heißt nicht, sich auf der Vergangenheit aus-
zuruhen. Es heißt den Anfang neu zu entdecken. Wir sind
von Anfang an Kommunisten; doch der Anfang ist jetzt.
Der Kommunismus ist die Zukunft. Meine ganz gewöhn-
liche Lebensgeschichte.

Der Krieg ist eine biopolitische Maschine

Krieg und Frieden im Empire

Thomas Atzert: Im Vorwort zu Empire schrieben Sie und Michael Hardt, Sie hätten das Buch nach dem Krieg am Persischen Golf begonnen und vor dem Kosovokrieg fertig gestellt, zwei für die Herausbildung der neuen Weltordnung »bezeichnenden Ereignissen«. Den aktuellen Aufmarsch gegen den Irak, die seit Herbst 2002 laufenden Kriegsvorbereitungen vor allem der USA am Persischen Golf nannten Sie vor kurzem einen »imperialistischen backlash«[25]. Ist die Wiederkehr des Imperialismus in der Weltordnung des Empire denkbar?

Toni Negri: Wahrscheinlich ist das Problem nicht so sehr ein »imperialistischer *backlash*«. Wir sehen hier vielmehr einen Widerspruch, der sich im Innern der imperialen Prozesse zeigt. Wenn wir von Empire sprechen, müssen wir immer im Sinn behalten, dass die Entwicklung in keinster Weise definitiv ist. Das Empire ist eine Antwort auf eine Reihe von historischen Prozessen, die von tiefen

---

25 Toni Negri, Il backlash imperialista sull'Impero, Interview mit Ida Dominijanni, in: Il Manifesto (14. September 2002).

Widersprüchen geprägt sind. Zu diesen Prozessen gehören die sozialen Kämpfe, die sich auf hohem Niveau entwickelt haben, wie die Kämpfe der Arbeiterklassen in den Ländern des kapitalistischen Zentrums. Dazu gehört die Unmöglichkeit, den Weltmarkt rational zu regulieren. Dazu gehören die Kämpfe gegen die Regimes in den kolonialen Ländern und deren Ende, wie auch die Unmöglichkeit, die nachfolgenden Regimes politisch und ökonomisch aufrecht zu erhalten. Dazu gehört in der Welt des realen Sozialismus das Scheitern aller Entwicklungswege und die Einschränkung der Freiheit ... Diese Prozesse trieben etwas Neues hervor; es ging darum, für die Souveränität eine Struktur zu finden. Es ging um eine völlige Restrukturierung der Machtverhältnisse.

In Ihrer Analyse des Empire spielen, im Gegensatz zu Erklärungen, die von imperialistischen Konkurrenzverhältnissen ausgehen, Nationalstaaten nur eine untergeordnete Rolle. Welche Funktion besitzen nationale Interessen, welche Macht kommt nationalen Gesellschaftsformationen heute noch zu?

Um es deutlich zu sagen: Wir leben im Empire. Die Weltordnung ist eine politische Ordnung, die souveräne Ordnung des Empire. Die Regeln dieser Ordnung gründen auf Verhältnissen, die durch die Globalisierung der Ökonomie, durch den Weltmarkt bestimmt sind. Den Strukturen des globalen Kapitalismus sind auch die Nationalstaaten untergeordnet.

Im Empire, wie Michael Hardt und ich es in unserem Buch beschrieben haben, findet sich das Zusammenwirken und die Synthese von verschiedenen Regierungsformen. Zu unterscheiden sind die imperiale Monarchie, eine Aristokratie oder vielmehr zahlreiche imperiale Aristokratien, schließlich gibt es demokratische Formen im Innern des imperialen Zusammenhangs. Die Legitimität der Herrschaft stellt sich im Verhältnis der verschiedenen Formen von Regierung und zugleich der verschiedenen Arten von Regierungshandeln, von Kommando, her.

Die monarchische Macht im Empire repräsentieren in erster Linie die USA, deren großes militärisches Potenzial ihnen allein die Möglichkeit und die Stärke gibt, mit ihren Streitkräften überall auf der Welt zu intervenieren. Die aristokratische Macht verkörpern die großen multinationalen Konzerne und, ihnen untergeordnet, was man im allgemeinen als Nationalstaaten ansieht. Zwischen der monarchischen und der aristokratischen Macht gibt es eine Reihe von Instrumenten, die dazu dienen, ihre Aktionen abzustimmen und zusammenzuführen, etwa den Internationalen Währungsfond, die Weltbank oder die Welthandelsorganisation. Wir müssen heute sehr genau Acht geben und diese Organisationen nicht einfach nur für Vermittlungsinstanzen oder für die Exekutive der imperialen Ordnung halten. Es sind Organe, deren Aufgabe es ist, die finanziellen und ökonomischen Ressourcen bereitzustellen, ganz allgemein die Mittel und die Instrumente zu organisieren, die notwendig sind, um den imperialen Zusammenhang funktionieren zu lassen.

Das Verhältnis von Aristokratie und Monarchie ist für die imperiale Konstitution von höchster Bedeutung. Es ist beinahe unmöglich, dass beispielsweise die Vereinigten Staaten als Vertreter der monarchischen Macht eine Politik verfolgen können, die nicht in irgendeiner Weise mit den imperialen Aristokratien vermittelt ist. Eine Restrukturierung der Machtverhältnisse bedarf also zum Mindesten eines Zusammentreffens der monarchischen und der aristokratischen Macht. Eines Zusammentreffens, das historisch immer bedeutete, dass sich in der Konfrontation komplizierte Verhältnisse und schwierige Vermittlungen entwickeln, die wiederum in der Geschichte immer auf das dritte Moment verweisen, nämlich die demokratischen Kämpfe. Die Öffnung einer Konstellation, die Konfrontation, der historische Bruch vollzieht sich nur im Verhältnis zu den Kämpfen.

Wenn das Empire ein Prozess ist, wie Sie sagen, ein Übergang, in dem es um eine Restrukturierung der Machtverhältnisse geht, was determiniert dann die gegenwärtige Situation? Vor allem: Ist hier nach dem 11. September 2001, nach den Anschlägen auf das World Trade Center in New York und das Pentagon in Washington ein Wandel feststellbar?

Die Restrukturierung der Machtverhältnisse hat eine Souveränität hervorgebracht, die an keinen Ort gebunden ist, auch wenn es ganz offensichtlich Orte darin gibt, wie beispielsweise Washington für die Militärmacht oder wie New York für die Finanzmacht – oder auch wie Los Angeles für die imaginative und kommunikative Macht.

Es steht außer Zweifel, dass die monarchische Macht nach dem 11. September 2001 versucht hat, auf den gegen sie gerichteten Angriff eine Antwort zu finden, die monokratisch war. Genauso steht außer Zweifel, dass der »Kampf gegen den Terrorismus«, das Theorem vom Präventivkrieg, die Rede vom »langandauernden Krieg«, um den imperialen Frieden zu schaffen, dass all das zweifellos Momente sind, denen zwar von den USA und insbesondere von der Regierung Bush eine Form gegeben wird, die aber Momente einer Konfrontation im Innern ein und derselben kapitalistischen Welt sind. Was nach dem 11. September passierte, lässt sich als das sichtbare Hervortreten zugespitzter Widersprüche im Innern des imperialen Konstitutionsprozesses interpretieren.

Doch gilt es, die verschiedenen Dimensionen herauszuarbeiten: Zunächst gibt es einen Widerspruch, der zu den Voraussetzungen des 11. September gehört, den Widerspruch zwischen der US-Regierung, insbesondere dem Handeln der republikanischen Gruppe, die eng mit den Interessen der Erdöl- und Schwerindustrie verbunden ist und für die ein George W. Bush steht, auf der einen Seite und einem Teil der imperialen Aristokratien aus dem arabischen Raum auf der anderen Seite. Osama Bin Laden ist ein Repräsentant dieser letzteren, die in der Entwicklung zum Empire, in der Endphase des Kalten Kriegs mit den USA zusammenarbeiteten: gegen die Sowjetunion und für die Kontrolle der Energiepolitik im globalen Maßstab. Der Bruch, zu dem es dann kam, trennt die monarchische militärische Macht und das Handeln der Aristokratien. Es ist gleichwohl kein Bürgerkrieg, denn um von einem solchen im Innern des Empire reden zu können, bedürfte es eines starken demokratischen Moments. Der Konflikt, schließlich der Krieg ist viel eher mit denen im Frankreich des 16. Jahrhunderts vergleichbar, verheerende Kriege des Adels gegen die Monarchie. Es ging damals wie heute darum, innerhalb sich formierender imperialer Kräfteverhältnisse Positionen zu erobern. Soweit der Widerspruch vor dem 11. September.

Nach dem 11. September beginnt eine neue Art von Herausforderung der monarchischen Maschine. Eine ganze Reihe von Interessen kommt weltweit ins Spiel, die sich nicht mit den von Bush und seiner Gruppe repräsentierten decken. Letztere interpretieren die nationalen Interessen der USA als die Kontrolle über die globalen energetischen Ressourcen im Allgemeinen und das Erdöl im Besonderen und identifizieren sie mit den Interessen einiger Fraktionen der »alten« Industrien, vor allem der Stahl- und Schiffbauindustrie. Die Gruppe Bushs versuchte durch die Reanimation solcher Projekte wie der Raketenabwehr im Weltraum aus den Zeiten Ronald Reagans ein Bündnis auch mit Teilen des hochtechnologischen militärisch-industriell-informatischen Komplexes herzustellen, allerdings wesentlich weniger intelligent als der »Kalifornier« Reagan. Bushs Vorgehen ist mit dem Reagans tatsächlich nicht vergleichbar: Er glaubt nur in sehr geringem Maß an die Entwicklung neuer Industrien, hängt sehr stark an den alten. Das ist kein Zufall, schließlich sind Bush und auch Dick Cheney persönlich mit diesen Industrien liiert, die in letzter Zeit – wie Enron – vor allem durch Korruptionsfälle auffielen.

Die Konflikte zwischen alten und neuen Industrien lassen sich noch auf einem anderen Feld beobachten: Die Blase am Aktienmarkt war keineswegs bloße Konsequenz einer spekulativen und ungerechtfertigten Bewertung der informationstechnologischen Industrie, sie war ganz fundamental Ausdruck von Manövern der traditionellen Industrien, mit denen diese versuchten, ihre Macht zu erhalten. Die Gruppe um Bush ist im Bereich dieser Industrien verankert.

Die Reanimation strategischer Konzepte aus der Zeit der Reagan-Administration, die Hinwendung zu den »alten« Industrien, die Betonung auch der bekannten strategischen Interessen der USA: Sind das nicht alles Zeichen der Regression, des backlash?

Der Prozess ist gerade kein *backlash*, sondern vollzieht sich im Innern des Empire. Er entspringt einem Ringen zwischen Monarchie und Aristokratie, zwischen monarchischer Macht und imperialen Aristokratien, an dessen Ausgangspunkt der Bruch zwischen einem wesentlichen Teil des US-amerikanischen Kapitals und den arabischen Ländern stand. – Nur nebenbei bemerkt: Man müsste genauer untersuchen, welche Rolle der israelisch-palästinensische Konflikt für diese Entwicklung gespielt hat.

Daneben entstehen immer neue Widersprüche. Letzten Endes bezeichnete Bush mit »Achse des Bösen« in negativer Weise drei Knotenpunkte dieser Entwicklung. Der erste Punkt ist der Irak: Es geht dort auch und vor allem um die Energieversorgung Europas, das heißt, der Irak steht aus Bushs Sicht für das Problem Europa, für die Verhältnisse rund ums Mittelmeer, den israelisch-palästinensischen Konflikt, die allgemeinen Fragen der Energieressourcen. Der zweite Punkt Bushs war der Iran, und dieser Punkt verweist auf die Einflusszonen der ehemaligen Sowjetunion, also genauer auf die Entwicklung und die Ressourcen in Vorderasien. Und dann, als dritter Punkt, Nordkorea, was direkt China betrifft und den gesamten asiatisch-pazifischen Raum einschließt.

Etwas abstrakter betrachtet, lässt sich das Problem so formulieren: Wie – wenn überhaupt – beeinflussen regionale Kräfte die imperiale Entwicklung? Ich glaube nicht, dass man die imperialen Aristokratien nach regionalen Gesichtspunkten unterscheiden kann. Ich glaube, dass es da widersprüchliche Interessen, auch Widersprüche gibt, die aber nicht zwischen den industriellen Aristokratien in Europas und in den USA verlaufen. Die Haltung der Gruppe um George Bush liefert lediglich ein Beispiel für einen Versuch, nationale Verhältnisse innerhalb der Entwicklungslinien des Empire oder auch gegen sie ins Spiel zu bringen.

Ganz offensichtlich haben wir es mit Widersprüchen zu tun, die im Verhältnis zwischen der monarchischen Macht und den imperialen Aristokratien auftreten. Doch wie schon gesagt, es ist undenkbar, dass die USA Krieg gegen den Irak führen, ohne dass sie von den imperialen Aristokratien unterstützt werden. Und man muss sehen, ob Chirac und Schröder, als nationale Repräsentanten wichtiger Fraktionen dieser Aristokratien, geneigt sein werden, die Rechnung dieses Kriegs zu bezahlen. Angesichts der gegenwärtigen wirtschaftlichen Situation glaube ich das nicht. Weder sie noch die Japaner werden zahlen, und noch weniger die »gemäßigten« arabischen Regimes. Kurz: Die USA stehen großen Schwierigkeiten gegenüber, realen Schwierigkeiten, die ein schneller Krieg, ein *Blitzkrieg* im Irak, kaum zu überwinden in der Lage sein wird.

Es handelt sich also nicht um einen »imperialistischen *backlash*«, sondern um völlig aktuelle Widersprüche, es handelt sich nicht um einen Schritt in die Vergangenheit, sondern um Mechanismen, die in die Zukunft weisen.

Konstituiert der Krieg also das Empire? Handelt es sich um einen permanenten Krieg? Welche Bedeutung wird er in Zukunft haben?

Der imperiale Krieg ist ein »ordnender Krieg«: Er ist destruktiv und errichtet gleichzeitig eine Ordnung. Das eine geht aus dem anderen hervor, ein wenig wie bei einer Matrjoschka. Der Krieg, den das Empire eingesetzt hat, um Ordnung zu schaffen: wir sehen in ihm ein Moment der imperialen Souveränität. Es geht um den Übergang, den Michel Foucault beschrieb, von Disziplin zu Kontrolle, von der Disziplinierung individueller Verhaltensweisen zur Kontrolle der Bevölkerungen, der »Massen«. Die Souveränität präsentiert sich als ein Set von Regierungstechniken, die sich nicht länger nur auf die Individuen richten, sondern auf den gesamten Zusammenhang, in denen das Leben sich reproduziert. Diese Biomacht interveniert immer mehr in die Verhältnisse des Lebens, indem sie versucht, sie zu konstruieren, zu artikulieren und zu dominieren, und zwar von Beginn an, in ihrer gesamten Entwicklung, in allen ihren Formen.

Der Krieg fügt sich in dieses Muster ein. Der Krieg ist eine biopolitische Maschine, die sich über die Zerstörung der feindlichen Armeen hinaus bewegt; sie entwickelt sich in dem Versuch, das Leben der Massen, der Bevölkerungen, der Multitudes, mit denen sie in Berührung kommt, vollständig zu organisieren.

Der Krieg definiert Grenzen, das heißt, und wir konnten das am Krieg im ehemaligen Jugoslawien sehen, dass der Krieg die politische Geografie einer Region völlig neu konstruiert. Der Krieg interveniert, um Regierungen einzusetzen, er interveniert, um Gerichte einzusetzen und die Besiegten abzuurteilen. Der Krieg interveniert, um Nichtregierungsorganisationen einzusetzen. Das Leben der Bevölkerungen wird durch den Krieg in neue Formen und in eine neue globale Hierarchie der Kontrolle eingefügt, der Kontrolle über die Produktion, über die Mobilität, über Ressourcen und so weiter.

Der Krieg als »biopolitische Maschine«: Bedeutet das eine Militarisierung der Gesellschaft in ihrer Gesamtheit, die Militarisierung der Politik?

Die Kriege seit dem Ende des Kalten Kriegs zeigen die Perfektionierung der biopolitischen Dimension des Kriegs. So betrachtet war der Irakkrieg von 1991, der so genannte Zweite Golfkrieg, eine Art Matrix der Gesamtheit der Techniken, die in der neuen Art des Kriegs Verwendung finden und ihn definieren.

Diese Techniken verwischen die Differenz zwischen Polizeimaßnahmen und Krieg. Das Empire ist global, es kennt kein Außen. Die Armeen müssen in der Lage sein, die Ordnung als innere Ordnung durchzusetzen oder neu zu errichten. Die Polizei- und die militärischen Funktionen bilden eine Art Kontinuum und es ist schwer zu unterscheiden, wo eine Polizeiaktion hoher Intensität endet und eine militärische Aktion niedriger Intensität beginnt. Was wir beispielsweise in Italien, in Genua, erlebt haben, während der Demonstrationen gegen das Treffen der G8, zeigte, wie unscharf die Unterscheidungen zwischen Polizeiaktion und Krieg sind.

Doch ist diese Ununterscheidbarkeit nicht die einzige Veränderung. Die Armeen heute sind nicht vergleichbar mit denen der Weltkriege, mit den großen Massenheeren. Heute werden Kriege von kleinen, mobilen Einheiten geführt, die über alle Möglichkeiten des Lufttransports verfügen, die eine extrem weit entwickelte Logistik und Technik einsetzen, um Schlachten möglich zu machen, die nicht mehr auf offenem Feld geschlagen werden. Das militärische Vorgehen ist heute eine Verallgemeinerung der Contraguerilla, die alltägliche Aufstandsbekämpfung mit sehr ausdifferenzierten Strukturen. Die militärischen Einheiten arbeiten, wie ich schon sagte, mit Einheiten von Nichtregierungsorganisationen Hand in Hand, mit Justizorganen, die die strafrechtliche Verfolgung der Gegner übernehmen, all das. Die siegreiche Armee muss schließlich nicht mehr Statthalter im klassischen Sinn einsetzen, wenn es möglich ist, eine Art »interner« Regierung zu finden. Die Regierung von Hamid Karzai in Afghanistan ist dafür ein Beispiel, also eine Regierung, die keine Legitimität besitzt, die sie sich vielmehr im fortgesetzten Krieg erobern muss.

Der Krieg wird so zum Ursprung der Legitimität. Während der Krieg in der Moderne ein Instrument blieb, dessen Anwendung nur legitim war, um die Ordnung wieder herzustellen, wird der Krieg nun ein Instrument, um die Legitimität zu fundieren. Das ist eine entscheidende, eine gravierende Veränderung. Clausewitz dachte – zu seiner Zeit zu Recht –, der Krieg sei die Fortsetzung der Politik unter anderen Vorzeichen; heute hingegen ist der Krieg die Grundlage der Politik. Der »ordnende Krieg« verteidigt nicht das Recht, sondern er setzt das Recht, begründet die Legitimität. Foucault hat das in seinen Vorlesungen in den siebziger Jahren bereits verstanden, aber wir sehen nun diese Entwicklung in ihrer Praxis.

Der »ordnende Krieg« ist ein postmoderner Krieg. Wie erklärt sich darin das Wiederauftauchen solcher prämoderner Vorstellungen wie der vom »gerechten Krieg«?

Tatsächlich ist das Konzept des »gerechten Krieges« in seiner mittelalterlichen Tradition in jüngerer Zeit wieder aufgenommen und reformuliert worden, denken Sie an Michael Walzer und sein Buch[26]. Es ist ein Konzept, das davon ausgeht, dass es eine Reihe präkonstituierter Werte gibt, und dass der »gerechte Krieg« diese wiederherstellt

---

26 Michael Walzer (1992), Just and Unjust Wars, New York: Basic Books.

und zu neuem Leben erweckt. Als »gerechter Krieg« gilt zum Beispiel der Krieg der Alliierten gegen den Nazismus, legitimiert von demokratischen Staaten, um die allgemeinen Prinzipien der Humanität wiederherzustellen. Doch heute befinden wir uns nicht mehr auf diesem Terrain, sondern wir sind auf einem Feld, auf dem Rechte neu erfunden und neu geschaffen werden, auf dem Recht neu gesetzt wird. Der imperiale Krieg ist eine Unternehmung, die ihre Rechtfertigung in sich trägt. Deshalb können wir nicht mehr im traditionellen Sinne von einem »gerechten Krieg« sprechen. Es handelt sich um einen »ordnenden Krieg«, einen Krieg, der die Legitimität begründet.

Europa und die Europäer

Was bedeutet »Europa« für das Empire? Wir haben die Frage der Konflikte und Widersprüche bereits gestreift, die sich vor allem seit dem Amtsantritt von George W. Bush in den USA bemerkbar machen. Lässt sich Europa nicht nur als Projekt einer staatlichen Konföderation, sondern als Terrain sozialer Bewegungen und Kämpfe gegen die imperiale Herrschaftslogik denken?

Ein sehr ernstes und schwieriges Problem. Zumal es nicht einfach ein europäisches Problem ist, sondern sich auch auf anderen Kontinenten und Subkontinenten stellt. Es ist ein Problem, das Lateinamerika ebenso betrifft wie Südost- oder Nordostasien.

Wenn Sie nach sozialen Bewegungen fragen, dann können Sie die Frage so stellen: Ist es nicht vorstellbar, dass Europäer eine Gegenposition zu den US-Amerikanern einnehmen, innerhalb des Empire? Wenn Sie an eine Gruppe wie Attac denken, die versuchen, den Nationalstaat in seinen fordistischen und wohlfahrtsstaatlichen Dimensionen wieder aufzuwerten und so der Globalisierung des Weltmarkts etwas entgegenzusetzen, dann scheint das in diese Richtung zu gehen. Und doch muss man zugleich sehen, dass es auch in den USA vergleichbare Gruppen gibt, gewerkschaftliche Gruppen zum Beispiel, die gegen die Öffnung der Märkte sind. Beides sind sozusagen »klassische« Haltungen gegen die Globalisierung. Aber eine solche Haltung hat keine Zukunft.

Die Entwicklung des Empire war bis jetzt ein neoliberaler Prozess. Das heißt, dass das Bündnis von imperialer Monarchie und industriellen Aristokratien einzig und allein auf die Liberalisierung der Märkte und auf Freihandel zielte, um die Profite zu steigern. Es gab bisher keine Formen der Kontrolle. Interventionen auf dem Weltmarkt – der selbst natürlich alles andere als spontan ist – zielten darauf, Hierarchien und Differenzierungsmechanismen abzusichern.

Anders gefragt: Könnte Europa ein brauchbares Terrain für Kämpfe und Bewegungen abgeben, die nicht gegen die Globalisierung gerichtet sind, sondern in denen es darum geht, der Globalisierung einen anderen Sinn, eine andere Richtung zu geben?

Dazu müssen wir fragen: Wie ist es möglich, diesen imperialen Entwicklungsprozess irreversibel umzuwälzen oder zumindest in seinem Innern Alternativen deutlich wahrnehmbar werden zu lassen? Oder: Könnte Europa ein Keil sein, eine Kraft, die auf globaler Ebene eine andere Politik durchzusetzen erlaubt?

Ich bin davon überzeugt, dass das möglich ist. Vielmehr: Es *könnte* möglich sein, denn heute steht außer Zweifel, dass Europa weder die Fähigkeit noch die Stärke hat, sich dem Krieg zu widersetzen, den die Gruppe um George Bush im Irak führen will. Ebenso klar ist, dass Europa weder die Stärke noch die Mittel hat, im israelisch-palästinensischen Krieg zu intervenieren. Die Schwierigkeiten bestehen ganz offensichtlich darin festzustellen, ob es auf globaler Ebene noch ein Kräfteverhältnis gibt, das die Vorzeichen der Entwicklung, die eingeschlagene Richtung umkehren kann.

Ist es beispielsweise möglich, eine Parole wie »Krieg dem Krieg« als Orientierung zu nehmen? Vom theoretischen Standpunkt aus betrachtet würde ich sagen, dass das immer weniger möglich ist. Ich denke, dass es in der Hauptsache darauf ankommt, den Widerstand und den Exodus der Menge zu organisieren. Nur muss man begreifen, dass auch Widerstand und Exodus angegriffen werden. Man kann versuchen, sich zu entziehen. Doch im gleichen Augenblick wird dieser Versuch in Frage gestellt ...

Es ist also notwendig, die Umrisse einer widerständigen Politik im globalen Maßstab zu entwickeln. Und der mindeste Raum, den solche Politikformen brauchen, denen auf globaler Ebene eine gewisse Bedeutung zukommen soll, ist der Kontinent. Die Bedingungen einer solchen Politik lassen sich derzeit vielleicht in Lateinamerika studieren. So, ob es in Brasilien gelingt, Politikformen zu entwickeln, die nicht Brasilien zum Fokus haben, sondern die Politik des Proletariats, der Menge, der Armen in Südamerika gegen die imperialen Strukturen. Wenn so etwas gelingen sollte, wäre es von ungeheurer Bedeutung ...

Welche politischen Initiativen eröffnen eine solche Per-
spektive?

Ganz ohne Zweifel gibt es hier die verschiedensten Op-
tionen: etwa ein Bündnis der südamerikanischen mit den
europäischen Bewegungen; doch wie die Dinge heute liegen, ist davon nicht einmal zu träumen. Oder auch ein
Bündnis mit den Multitudes der USA, vielleicht über den
Weg der südamerikanischen Einwanderer ... Vorstellbar
ist alles Mögliche. Wichtig ist, den imperialen Prozess
nicht als statisch zu begreifen. Die Entwicklung des Empire nährt sich aus den Kämpfen und in diesen Kämpfen
entstehen auch die Momente, die über den imperialen
Prozess hinausweisen.

Ich möchte noch einmal auf Europa als staatliche Konfö-
deration, auf den so genannten europäischen Einigungs-
prozess zurückkommen ...

Europa als ein Nationalstaat Europa, die *Grande Nation*
Europa, das macht überhaupt keinen Sinn. Europa
könnte vielleicht ein Ort sein, an dem bestimmte politische und soziale Traditionen, bestimmte politische Formen von Kämpfen – etwa gewerkschaftliche – eine Verbindung finden und so eine gewisse Stärke entwickeln
könnten. Es bedarf keiner Perspektive für eine europäische Nation, sondern man muss – in Europa und über
Europa hinaus – einen globalen Antikapitalismus entwickeln. Es ist eine Binsenweisheit, dass man da kämpfen
muss, wo man gerade ist. Also geht es darum zu verstehen, in welchen Formen sich die Kämpfe in Europa gegen
die imperiale Organisation des Profits entwickeln können.

Ein Fokus der sozialen Bewegungen in Europa ist der Kampf gegen einen europäischen Einigungsprozess, wie ihn etwa die Verträge von Maastricht und Schengen vorzeichnen. Die oppositionellen Bewegungen sprechen von der abgeschotteten »Festung Europa«. Welche Perspektive haben diese Kämpfe?

Es ist offensichtlich, dass der europäische Konstitutionsprozess mehr oder weniger den Kapitalinteressen folgt. Und ein Interesse des Kapitals gegenwärtig besteht darin, die freie Zirkulation der Arbeitskraft zu unterbrechen, und zwar gerade, weil die Mobilität auf globaler Ebene sich gegen die Mechanismen der Kapitalakkumulation richten kann, also gegen die gesamte Ordnung der kapitalistischen Produktions- und Reproduktionsverhältnisse. Aber es stimmt auch, dass der Kapitalismus die Arbeitskraft nicht los wird und nicht auf sie verzichten kann. Sicher würde man das Problem gerne in ein »Außen« verschieben ...

Wir sind in einer Situation voller Widersprüche. Ein guter Teil der Verträge der Europäischen Union wurde abgeschlossen – und der Vertrag von Schengen ist hier sicherlich zentral –, um einen bestimmten Typus nationalstaatlicher Ordnung gegen die negativen – für den Nationalstaat, aber auch für die kapitalistische Entwicklung negativen – Auswirkungen der Globalisierung zu verteidigen.

Wenn wir keine Illusionen über die Chancen nähren möchten, mit »Europa« auf globaler Ebene einen Keil in den Neoliberalismus treiben zu können, müssen wir in einer entgegengesetzten Richtung nachdenken. Das heißt, wir müssen darüber nachdenken, wie wir die Bewegungsfreiheit unterstützen, sie fördern können. Und es heißt noch mehr: Wie öffnet sich die Perspektive einer erweiterten Aneignung des Reichtums im globalen Maßstab? Im Grunde geht es um die Umkehrung der Definition von »europäischen Interessen«, sowohl normativ als auch politisch. Gibt es die Möglichkeit, das zu tun? Ich weiß es nicht ... So etwas lässt sich nicht vorhersagen.

Und doch müssen wir Folgendes sehen: Niemand von uns erwartete, dass die Vorherrschaft des Neoliberalismus innerhalb weniger Jahre im Übergang vom 20. zum 21. Jahrhundert so attackiert werden würde, wie es dann geschah. Ich erinnere mich noch, dass vor zehn Jahren auch ganz vorsichtig vorgetragene keynesianische Argumente von linken Sozialdemokraten auf Regierungsebene nur Hohn und Spott ernteten. Heute führt die innere Krise des Neoliberalismus, vor allem aber, so glaube ich, die Kumulation der Widersprüche im Weltmaßstab zu einer Öffnung, die Möglichkeiten der grundlegenden politischen Veränderung in sich trägt. Eines müssen wir uns in Erinnerung rufen: Der politische Zyklus des Neoliberalismus hat weltweit in den siebziger Jahren begonnen, mit Margaret Thatcher und Ronald Reagan. Dieser Zyklus war die Reaktion, der Gegenangriff gegen die Widerstände und gegen die Attacken, die den Kapitalismus damals bestürmten. Und diese Reaktion erinnerte ein wenig an die einiger Imperatoren im späten Rom, wie etwa Julianus Apostata [27], die sich dem Christentum, der sozialen Revolution der christlichen Religion widersetzte, als diese bereits zum Stillstand gekommen war.

---

27 Flavius Claudius Julianus (331-363) distanzierte sich als römischer Kaiser vom christlichen Glauben (daher der Beiname »Apostata«, der Abtrünnige) und versuchte, eine neuplatonische Reichsreligion zu begründen.

Die neoliberale Reaktion war verbunden mit Restauration, Repression und Verfolgung, und wurde verstärkt durch die Krise der Sowjetunion. Tatsächlich gab es eine bizarre Allianz des neoliberalen Projekts mit der inneren Krise und Stagnation des sowjetischen Systems, des Realsozialismus.

Von Europa können wir nur sprechen, insofern auf europäischer Ebene Möglichkeiten zu suchen wären, der Menge in irgendeiner Weise eine Stimme zu geben. Es geht darum, eine absolute Demokratie zu erfinden, deren unverzichtbare Grundlage sie ist. Das eröffnete einen Übergang, den wir eine »Politik der Möglichkeiten« auf europäischer Ebene nennen würden. Eine Politik in Europa, der die Zuständigkeit für die Ökonomie, für die Migration, für Haushaltsangelegenheiten und das Geld die Gelegenheit geben würde, den neoliberalen kapitalistischen Block in seiner weltweiten Ausdehnung zu durchbrechen.

Politik und Exodus der Menge

Am Ende von Empire stellen Michael Hardt und Sie die Frage, wie die Menge, diese »Gesamtheit von Singularitäten«, politisches Subjekt werden kann. Kann das den sozialen Bewegungen, etwa den Antikriegsbewegungen gelingen? Was bedeutet es heute, gegen den Krieg zu mobilisieren?

Das führt uns zurück zu der Frage der demokratischen Kämpfe im Empire. Tatsächlich haben sie heute keinen Ort, der es ihnen erlauben würde, ihre Bedeutung auszuspielen. Für die Antikriegsbewegungen kommt es deshalb darauf an, ob sie sich auf dem Niveau der Globalisierungsprozesse, auf denen der Krieg und die Fragen der globalen Legitimität angesiedelt sind, behaupten können.

Die Bewegungen gegen den Krieg können nicht eine einfache Wiederholung des Pazifismus im Kalten Krieg sein, sondern müssen direkt in die biopolitischen Prozesse der imperialen Konstitution eingreifen und ihr zugleich im positiven Sinne etwas entgegensetzen. Es ist klar, dass beispielsweise der Krieg gegen den islamistischen Terrorismus, der Krieg gegen die »gemäßigteren« Diktaturen, wie die von Saddam Hussein – alle Welt weiß, dass Saddams Regime viel mehr mit einem »gemäßigten« wie dem von Mubarak gemein hat als mit dem islamistischen Extremismus –, dass dieser Krieg etwas ist, das uns zwingt, Position zu beziehen.

In der kommunistischen Tradition ist diese Position die Vorstellung der sozialen Revolution: »Paris in Waffen, das war die Revolution in Waffen«, schrieb Marx über die Commune. Am Ende des Ersten Weltkriegs forderte Lenin, den imperialistischen Krieg in einen revolutionären Bürgerkrieg zu verwandeln. Lässt sich heute eine Perspektive bestimmen?

Ich glaube nicht, dass Lenins Forderung, die sich auf den modernen Krieg bezog, heute aktuell sein könnte. Aber dennoch ist Lenins Perspektive ganz unzweifelhaft von großer Tragweite, um den revolutionären Prozess zu verstehen. Heute müssen wir Leninisten auf einem Terrain sein, das nicht mehr das Lenins ist.

Was bedeutet es für die Menge, Subjekt zu werden – in einem biopolitischen Empire? Wie wäre in einer neuen Art revolutionären Bürgerkriegs das ausbalancierte Kräfteverhältnis imperialer Monarchie und Aristokratie anzugreifen, auf dem die Ausbeutung der Volksmassen heute beruht? Ich glaube, dass die ersten Momente des Bürgerkriegs im Innern des Empire uns als die Mobilität der Bevölkerungen begegnen, als die Fähigkeit, Grenzen zu überwinden und dadurch neue Dimensionen des Konflikts zu eröffnen.

Doch das ist nicht genug: Die Prozesse eines Exodus und die Bewegungen müssen sich organisieren, sie müssen vor allem in der Lage sein, die vorhandenen faschistoiden Momente zu zerbrechen, die dem, was diese Bewegungen in ihrer Potenzialität sind, entgegenstehen.

Krieg und Polizeimaßnahmen sind direkt gegen jeden Versuch der Multitudes gerichtet, sich zu organisieren. Wenn ich davon sprach, dass der Krieg ein »ordnender Krieg« ist, dann bedeutet es genau das: Der Krieg muss die Verhältnisse befestigen, er muss Linien ziehen, neue Grenzen errichten, neue Trennungen instituieren. Das Problem ist, wie es gelingen kann, die allgemeine Reproduktion des gesamten Systems zu erschüttern. Es reicht nicht aus, es zu destabilisieren, es bedarf der Fähigkeit, es in seinen Strukturen zu zerstören. Das ist die Frage des Widerstands und des Exodus, der Verweigerung und des Gegenentwurfs. Es geht darum, wie es den Bewegungen und Bevölkerungen gelingen kann, den Nationalstaat zu durchkreuzen und sich die Metropolen anzueignen.

Die Multitude wird tatsächlich nicht dadurch zum Subjekt, dass man Organisationsformen vorschlägt, die mehr oder weniger demokratisch-zentralistisch sind, Netzwerke, die sich zentripetal auf eine Organisation konzentrieren. Das wichtigste Problem ist der Inhalt, und nicht die Form. Es muss gelingen, die Armut selbst als Subjekt zu verstehen, als ein Vermögen, als die Fähigkeit, die Welt neu zu erfinden. Die Armut steht dem Reichtum entgegen, aber die Armut ist auch das ungeheure Vermögen, Reichtum zu produzieren. Die Armut ist etwas, das in dieser Welt, kapitalistisch, wie sie organisiert ist, marginalisiert wird, aber auch etwas, das ihre Gesamtheit ausmacht. Die Armut sind nicht einfach die »armen« Bevölkerungen, die »Elenden« vor allem in der so genannten Dritten Welt, die Armut ist das Zentrum unserer Metropolen. Die Armut steht nicht außerhalb der Arbeiterklasse oder der »Normalität« der Produktionsweise. Sie ist vielmehr das Innere und das Ganze dieser Produktionsweise. Nur wenn es gelingt, im Konzept der Armut ihre Potenzialität zu entfalten, wird es möglich sein zu begreifen, was Organisation heißen könnte.

Am Ende von Empire *verbinden Sie diese Frage kommunistischer Militanz mit dem Bild des Franz von Assisi ...*

Dieser berüchtigte »Franziskanismus« in *Empire* soll etwas hervorheben: Er verweist auf die Ausgangssituation der Arbeiterbewegung. Die Bettelorden mit ihrer Orientierung auf die Armut waren die einzigen, die die Ausgangssituation des Christentums freilegten.

Wir müssen uns der Ausgangssituation des Kommunismus zuwenden. Und die Ausgangssituation des Kommunismus ist die Fähigkeit der Armen zur Kooperation, zur Assoziation, zur Produktion, ob sie Arbeiter genannt werden oder Intellektuelle oder Migranten oder Prekäre. Das ist der Inhalt, diesen revolutionären Inhalt müssen wir wiederentdecken, das ist unser Bürgerkrieg.

Sie sprachen davon, dass es darum gehen müsse, in die biopolitischen Prozesse der imperialen Konstitution einzugreifen. In welcher Art ist das beispielsweise für die Bewegungen gegen die neoliberale Globalisierung möglich?

Die Globalisierung an sich ist ein Übergang, den die Kämpfe eröffnet haben, doch den dann das Kapital organisierte. Heute geht es darum, einen zweiten Anlauf zu nehmen, der den Konservatismus und die Reaktion des Neoliberalismus hinter sich lässt.

Wir kommen damit, wenn Sie so wollen, auf die europäische Ebene zurück. Europa sind einige Länder, in denen die gesellschaftliche Akkumulation des Wissens, der Wissenschaften, der intellektuellen Ausbildung in gewisser Weise die Gesellschaft in ihrer Gesamtheit durchzieht, in all ihren Klassen. Und das ist ein Moment von höchster Bedeutung. Hieran müsste eine politische Initiative anknüpfen. Der Raum einer solchen Initiative ist etwas nicht Abgeschlossenes, sondern der offene Raum eines gemeinsamen Projekts. Heute ist die Produktion einzig als gemeinsame und als Produktion eines Gemeinsamen zu denken, das weder privat noch öffentlich ist. Die Produktivität liegt außerhalb des Maßes der Ökonomie, sie ist soziales Wissen und soziale Kenntnisse, die Fähigkeit zur gesellschaftlichen Bewegung, die Mobilität und die Migration ... Das sind Momente von außerordentlicher Bedeutung, zumal sie der Menge und den Bewegungen, nicht nur in Europa, sondern auch in Asien oder Amerika, erlauben, der Globalisierung eine andere Richtung zu geben.

Wie ist dieser Raum eines gemeinsamen Projekts beschaffen, etwa in Italien? Michael Hardt beschrieb das Land einmal als »soziales Laboratorium«[28]. Auf der einen Seite gibt es heute starke soziale Bewegungen, wie etwa die so

---

28 Michael Hardt, Laboratory Italy, in: Ders./Paolo Virno (Hg. 1996), Radical Thought in Italy, Minneapolis/London: University of Minnesota Press.

genannten Tute bianche oder die Disobbedienti[29], und linke Gewerkschaften, auf der anderen Seite wird Italien regiert von der rechten Koalition der Forza Italia des Medienunternehmers und Ministerpräsidenten Silvio Berlusconi mit der postfaschistischen Alleanza Nazionale und der separatistischen Lega Nord. Wie lässt sich in den Widersprüchen dieser politischen Verhältnisse intervenieren, wenn beispielsweise streikende Fiatarbeiter Berlusconi ihr Vertrauen aussprechen?

Die politischen Verhältnisse, die heute die Grundlage jeder westlichen Demokratie bilden – was auch immer da Demokratie bedeuten mag –, nun diese Verhältnisse sind alles andere als transparent. Das Verbergen und die Mystifikation der Partikularinteressen sind an der Tagesordnung. Was jetzt die streikenden Arbeiter in Termini Imerese angeht, da wäre ich nicht so sicher, dass sie erneut Berlusconi wählen würden. Linke Gewerkschaften und die radikalen Bewegungen haben sehr stark interveniert. Beispielsweise weiß ich, dass die Delegation der Disobbedienti, die nach Termini Imerese zu den Streikenden gefahren sind, als Genossinnen und Genossen empfangen wurden. Es gibt dieses Gefühl eines Neuanfangs, ein Bewusstsein für die Situation der Bewegungen. Denn wenn linke Politik solche Formen annimmt wie die Politik des ehemaligen Partito Comunista Italiano, wie die Politik von Piero Fassino oder

---

29 Die *Tute bianche* (Weiße Overalls) entstanden Mitte der neunziger Jahre als Bewegung gegen soziale Ausgrenzung und Prekarität. Nach den Ereignissen in Genua im Juli 2001 formierten sich aus dieser Bewegung die *Disobbedienti* (Ungehorsame), benannt nach ihrer Aktionsform, dem gesellschaftlichen Ungehorsam. Vgl. Dario Azzelini (Hg. 2002), Genua, Berlin: Assoziation A.

Massimo D'Alema, dann kann man wirklich kaum sagen, worin ihre Vorzüge gegenüber Berlusconi bestehen sollen. Angesichts der Alternativen, die die Mitte-Rechts- und die Mitte-Links-Parteien in Italien präsentieren, ist die einzige vernünftige Position, nicht wählen zu gehen, die Parlamentswahlen zu boykottieren.

Bezogen auf Regierungen in den kapitalistischen Ländern heute ist die Idee der demokratischen Repräsentanz vollkommen sinnlos geworden. Die Repräsentanz ist zurückgenommen, hat aufgehört zu existieren. Heute sind es die Verfügung über Fernsehsender und die Möglichkeit, bei Wahlen in einer Größenordnung zu investieren, die weit jenseits dessen liegt, was Assoziationen von Bürgern eventuell aufbringen könnten. Die aktuellen Formen der Repräsentanz sind plutokratisch; sie vertragen sich nicht mit der Funktionsweise eines demokratischen repräsentativen Systems. Es gibt enorme Macht, wie etwa die Medien- und Informationsmacht, die außerhalb der politischen Verfassung und unabhängig von ihr existiert, und die Partikularinteressen dient. Darüber hinaus gibt es anderes, wie große Teile der Finanzmacht, das gleichermaßen nicht konstitutionell ist – ja das sogar in einem Raum existiert, der nicht konstitutionalisierbar ist. Doch dieser Raum ist bereits ein globalisierter Raum. Die politische »Willensbildung« vollzieht sich gewiss innerhalb der Nationalstaaten, aber ebenso gewiss immer öfter unabhängig vom »Volk«, von der »Basis«, oder was sonst Ausdruck der Menge sein könnte.

All das bedeutet nicht, dass wir nicht *auch* institutionelle Beziehungen und Strukturen aufbauen müssten: Eine extrem wichtige Erfahrung in Italien begann vor etwa zehn Jahren. Damals entschied sich ein Teil der autonomen Bewegung dafür, sich auf die Institutionen

»einzulassen«, und hat seitdem gezeigt, dass eine solche Präsenz kein »Verrat« ist, sondern im Gegenteil der Zurückeroberung von Mitteln und Wegen dient, um zu mobilisieren und den Einfluss der sozialen Bewegungen auszuweiten. In Italien gibt es diese Präsenz heute in einer Reihe von Rathäusern, eine reale Kraft, die direkt politisch wirkt. Etwa gegen den Krieg, in Italien bereits während der Kriege im ehemaligen Jugoslawien.

Solche Positionen markieren das *Kommune*, Gemeinsame. Von da aus ist eine direkte Konfrontation möglich; etwa beim Thema Migration, in den neunziger Jahren noch gegen eine »linke« Regierung und eine Politik, die für Einwanderer die zeitweise Internierung einführte. Diese Politik – und auch die Internierungslager selbst – griff die Bewegung an und demontierte sie[30]. Und sie ging diesen Weg weiter. Es gibt also Möglichkeiten, die existierenden gesellschaftlichen Strukturen zu durchdringen. Das führt uns direkt zum wesentlichen Aspekt: Innerhalb einer biopolitischen Ordnung können politische Strukturen nur solche sein, die direkt das Leben betreffen. Es ist daher unerlässlich, in diesen Strukturen präsent zu sein. Ich glaube, dass die Genossinnen und Genossen in Italien großen Anteil daran haben, dass wir das sehen können, doch auch anderswo gibt es Erfahrungen dieser Art, beispielsweise die Erfahrungen aus den Kämpfen der Einwanderer oder aus der Ökologiebewegung.

---

30 Die *Tute bianche* begannen 1998 ihre Mobilisierung gegen die damals einsetzende rigide Einwanderungspolitik, zu der neben der Überwachung der Außengrenzen auch die Planung und Einrichtung von Internierungslagern für Einwanderer gehörten. Spektakulär waren Aktionen wie die »Demontage« einiger dieser Lager durch Aktivisten der Bewegung, so am 25. Januar 2002 in Bologna.

Eine der großen Mobilisierungen gegen den Krieg, der Aktionstag am 15. Februar 2003, wurde im vergangenen November auf dem Europäischen Sozialforum in Florenz verabredet. Kann von Foren wie in Florenz oder wie dem Weltsozialforum in Porto Alegre eine positive Dynamik ausgehen?

Porto Alegre ist eine sehr wichtige, gewissermaßen pädagogische Erfahrung. Sie zeigt, dass es Möglichkeiten gibt, miteinander zu sprechen, dass es Gemeinsamkeiten gibt zwischen denen, die aus Lateinamerika und dem Rest der Welt dort zusammenkommen. Und Porto Alegre entzog dem folkloristischen und herablassenden Blick, mit dem man häufig den Bewegungen aus Lateinamerika begegnete, ein wenig die Grundlage.

Doch habe ich meine Zweifel über die Zukunft dieser Entwicklung. Es besteht die Gefahr, in eine Situation zu geraten, die zur Lähmung der Bewegungen führt. Das Forum von Porto Alegre entstand im Wesentlichen aus der Verbindung zweier Orientierungen: Die eine fällt mehr oder weniger mit der Vorstellung des Netzwerks Attac zusammen, die internationalen Finanztransaktionen zu besteuern, die andere geht auf die Erfahrungen mit neuen Formen kommunaler Selbstorganisation und Partizipation zurück, vor allem in Brasilien. Porto Alegre vereinigt so Vorstellungen von »Basisdemokratie«, von Kommunalität, mit der Idee der »Kontrolle von oben« über die Finanztransaktionen, also eines möglichen Zugriffs auf große internationale Organisationen. Allerdings, wenn man darüber nachdenkt, wer eine solche Besteuerung, die so genannte Tobin-Steuer, durchsetzen soll, kommt man zwangsläufig auf den Internationalen Währungsfond.

Betrachtet man die Entwicklung des Weltsozialforums, dann bleibt zudem recht unklar, woraus dieses Treffen seine Legitimation bezieht. Es entstand durch den Kontakt zwischen Attac, oder genauer: dem lateinamerikanischen Flügel von Attac, der Zeitschrift *Le Monde Diplomatique* und einigen Nichtregierungsorganisationen. Im Verlauf des Entstehungsprozesses des Forums kamen zwei weitere wichtige Komponenten hinzu, nämlich linke Parteien sowie die so genannte Antiglobalisierungsbewegung im eigentlichen Sinne, vor allem aus Südamerika und Europa. Damit stellt sich die Frage der Repräsentanz, denn letztlich haben wir es hier mit einer vierpoligen Struktur zu tun. In dieser Struktur scheinen mir nun die Parteien allzu viel Bedeutung bekommen zu haben. Daraus resultiert, so lässt sich feststellen, eine gewisse Orientierungslosigkeit.

In einem kürzlich publizierten Artikel[31] haben Sie die »Generalisierung des Streiks«, den so genannten Metropolenstreik, als Möglichkeit untersucht, dieser Orientierungslosigkeit der sozialen Bewegungen entgegenzuwirken.

Man kann das nicht losgelöst von der Praxis diskutieren. Metropolenstreik bedeutet, in der Stadt jegliche Aktivität zu unterbrechen. Der generalisierte Streik der Menge ist metropolitan, während sich der Generalstreik der Arbeiter auf den Zusammenhang der Fabrik bezog. Sobald die Produktion einen unmittelbar gesellschaftlichen Charakter annimmt und der Ort der Produktion kein spezifischer mehr ist, sondern sich verallgemeinert, bedeutet Streik die Aussetzung der produktiven Tätigkeit im metropolitanen Leben insgesamt.

---

31 Toni Negri, La moltitudine e la metropoli, in: Posse (10/2002).

Als Genossinnen und Genossen aus Spanien zurückkamen, wo sie während des Streiks in Sevilla[32] waren, der das EU-Gipfeltreffen lahm legte, waren sie sehr enthusiastisch: Der Streik hatte sich durch Demonstrationszüge der Stadtbewohner ausgebreitet und dauerte vierundzwanzig Stunden, von Mitternacht bis Mitternacht des darauffolgenden Tages. Die Streikenden besetzten buchstäblich die Stadt, sie blockierten den Verkehr und die Bewegungen, die normalerweise durch die Stadt führen.

Ich denke bei Metropolenstreik an die Streiks in Paris im Winter 1995/96. Dort wurde der Verkehr und insbesondere das Funktionieren des öffentlichen Nahverkehrs nicht einfach blockiert, sondern es entwickelte sich etwas anderes, es entstanden alternative Bewegungsformen. Es entwickelten sich, auch über Kommunikationsmittel wie das Telefon, Formen gesellschaftlicher Kooperation, die den Alltag gemeinsam organisierten, die Betreuung der Kinder zum Beispiel, da die Schulen bestreikt wurden.

Das Problem ist nicht so sehr, zum Metropolenstreik »aufzurufen« als ihn vielmehr gemeinsam zu entwickeln: Die angemessene Parole für die Menge ist daher nicht »Streik«, sondern »Exodus«. Der Streik enthält das Moment des Einschnitts, und dieser Einschnitt eröffnet die Möglichkeit der Entwicklung des gesellschaftlichen *Kommunen*, einer anderen Gesellschaftlichkeit.

---

32 Am 20. Juni 2002 blockierte ein Generalstreik in Sevilla das dort geplante Gipfeltreffen der Staats- und Regierungschefs der Europäischen Union. Zu den Forderungen der Streikenden gehörte unter anderem die Legalisierung von – vor allem afrikanischen – Einwanderern ohne gültige Einreisedokumente.

Sachregister

Personenregister

Globalisierung

M. Andretta, D. Della Porta, L. Mosca, H. Reiter
No global – new global
Identität und Strategien der
Antiglobalisierungsbewegung
2003. Ca. 240 Seiten · ISBN 3-593-37288-6

ATTAC, Pink-Silver, Tute Bianche – wer sind diese Globalisierungskritiker eigentlich? Diese erste empirische Untersuchung vermittelt ein Bild der neuen Bewegung.

Bernd W. Kubbig (Hg.)
Brandherd Irak
US-Hegemonieanspruch, die UNO
und die Rolle Europas
2003. 300 Seiten · ISBN 3-593-37284-3

Der Irak und der Nahe Osten halten die Welt in Atem. In diesem Band wird diskutiert, wie demokratische Staaten mit dem Regime von Saddam Hussein umgehen sollen.

Michael Hardt, Antonio Negri
Empire
Die neue Weltordnung
Studienausgabe 2003. 461 Seiten
ISBN 3-593-37230-4

»*Empire* ist eine grandiose Gesellschaftsanalyse …, die unser Unbehagen bündelt und ihm eine Richtung gibt.«
DIE ZEIT

Gerne schicken wir Ihnen unsere aktuellen Prospekte:
Campus Verlag · Kurfürstenstr. 49 · 60486 Frankfurt/M.
Tel.: 069/97 65 16-0 · Fax -78 · www.campus.de

Frankfurt / New York

Campus Einführungen

Campus hat seiner bekannten Einführungsreihe sowohl ein neues Gesicht gegeben als auch ein inhaltlich neues Konzept. Klar und verständlich führen die Bände in unterschiedliche Denkrichtungen, Themen oder das Werk einzelner Denker und Denkerinnen aus Philosophie, Politik, Gesellschaft und Wirtschaft ein.
Das übersichtliche Layout der Reihe »Campus Einführungen« erleichtert die Lektüre; jeder Band enthält: Biografie, Wirkungsgeschichte, Glossar, Zeittafel, kommentierte Literatur und weiterführende Webadressen.

Andreas Herberg-Rothe
Der Krieg
Geschichte und Gegenwart
2003. 154 Seiten · ISBN 3-593-37236-3

Paula-Irene Villa
Judith Butler
2003. 160 Seiten · ISBN 3-593-37187-1

Klaus Müller
Globalisierung
2002. 177 Seiten · ISBN 3-593-36829-3

Thomas Schramme
Bioethik
2002. 160 Seiten · ISBN 3-593-37138-3

Gerne schicken wir Ihnen unsere aktuellen Prospekte:
Campus Verlag · Kurfürstenstr. 49 · 60486 Frankfurt/M.
Tel.: 069/97 65 16 - 0 · Fax - 78 · www.campus.de

campus
Frankfurt / New York

Campus Studium

Marcus S. Kleiner (Hg.)
Michel Foucault
Einführung in sein Denken
2001. 278 Seiten · ISBN 3-593-36847-1

Frank Becker, Elke Reinhardt-Becker
Systemtheorie
Eine Einführung für die Geschichts-
und Kulturwissenschaften
2001. 231 Seiten · ISBN 3-593-36848-X

Walther Müller-Jentsch
Organisationssoziologie
Eine Einführung
2003. Ca. 180 Seiten · ISBN 3-593-36792-0

Andrea Maurer
Herrschaftssoziologie
Eine Einführung
2003. Ca. 180 Seiten · ISBN 3-593-37240-1

Theo Schiller
Direkte Demokratie
Eine Einführung
2002. 202 Seiten · ISBN 3-593-36614-2

Gerne schicken wir Ihnen unsere aktuellen Prospekte:
Campus Verlag · Kurfürstenstr. 49 · 60486 Frankfurt/M.
Tel.: 069/97 65 16-0 · Fax-78 · www.campus.de

Frankfurt / New York